WARUM WIR UNS GENAU JETZT DIE FRAGE NACH DEM SINN STELLEN MÜSSEN

Am Beginn dieses Jahrhunderts sieht sich die Menschheit mit einer Situation konfrontiert, die völlig neu für sie ist. Der Klimawandel, die Verschmutzung der Meere, Bedrohungen durch Pandemien und eine drohende Massenmigration sind Phänomene, die wir verursacht haben und für deren Bekämpfung uns die Werkzeuge fehlen. Bislang gingen die größten Gefahren von eindeutigen Feindbildern aus. Von anderen Staaten oder faschistischen Regimen. Nachdem die erste Hälfte des letzten Jahrhunderts jedoch von den zwei größten Kriegen der Geschichte geprägt wurde und die zweite von einem Wohlstand, wie er ebenfalls unvergleichlich ist, stehen wir nun vor einem verheerenden Krieg gegen die Natur. Er könnte mit dem Untergang der Menschheit enden.

Was müssen wir also tun? Wir müssen das System, das für diese Zerstörung verantwortlich ist, hinterfragen und verändern. Wir müssen uns selbst hinterfragen und verändern. Dieses Buch handelt davon, wie du die wichtigste Veränderung in deinem Leben selbst einleiten kannst. Dafür musst du dir drei Fragen stellen:

Was ist der Sinn meines Lebens?

Was empfinde ich als meinen inneren Auftrag?

Wie kann ich ihn erfüllen?

Du glaubst vielleicht, diese Fragen sind zu einfach, um wirklich etwas in deinem Leben zu verändern. Du glaubst vielleicht, für große Veränderungen ist es egal, was dir deine innere Stimme sagt. Du glaubst, für große Veränderungen musst du erfolgreich werden, viel Geld verdienen, Macht anhäufen und Karriere machen. Doch genau dieses Denken erhält unser bestehendes System aufrecht und ha uns in die Krise gebracht, der wir heute gegenüberstehen

Es gibt ein einprägsames Zitat, das beschreibt, was pa siert, wenn du die drei oben genannten Fragen für d selbst beantwortest. Die Urheberschaft dieses Zitats nicht restlos geklärt. Gerne wird sie dem Dichterfür Johann Wolfgang von Goethe zugeschrieben. Manche Zitatforscher glauben hingegen, der britische Schriftsteller William Hutchison Murray habe es gesagt.

In dem Augenblick, in dem man sich endgültig einer Aufgabe verschreibt, bewegt sich die Vorsehung auch. Alle möglichen Dinge, die sonst nie geschehen wären, geschehen, um einem zu helfen.

Ein ganzer Strom von Ereignissen wird in Gang gesetzt durch die Entscheidung und er sorgt zu den eigenen Gunsten für zahlreiche unvorhergesehene Zufälle, Begegnungen und materielle Hilfen, die sich kein Mensch vorher je so erträumt haben könnte.

Was immer Du kannst, beginne es.
Kühnheit trägt Genius, Macht und Magie.
Beginne jetzt.

Dieses Buch zeigt dir, was der eigentliche Sinn der Wirtschaft ist und wie eng er mit deinem Lebenssinn zusammenhängt. Die folgenden Kapitel beschreiben, wie die Wirtschaft im Laufe der Jahre ihren eigentlichen Sinn immer mehr verloren hat, und zu einer hypertrophen, also überfressenen und übersättigten, Monsterwirtschaft geworden ist. Du wirst erfahren, wie sich das Ende dieser Monsterwirtschaft schon lange angekündigt hat, dass Menschen immer schon nach Alternativen zu ihr gesucht haben und warum es genau jetzt Zeit ist, dir die oben genannten Fragen zu stellen. Es ist heute wichtiger denn je, diese Fragen gründlich zu beantworten.

In diesem Buch lernst du auch, wie du die richtigen Antworten findest. Wie durch die kollektive Beantwortung dieser Fragen eine neue Wirtschaft entsteht, die endlich das schafft, wozu sie da sein sollte: Für uns, für einen gesunden Planeten und für ein gutes Leben in Sicherheit und Wohlstand.

DER SINN DER WIRTSCHAFT

Was ist der eigentliche Sinn der Wirtschaft?

Bevor wir darüber nachdenken, wie wir unser System verändern können, müssen wir verstehen, was die Aufgabe des Wirtschaftskreislaufes ist. Warum haben Menschen aufgehört, ihre eigene Nahrung herzustellen, und sind zu einem Tauschhandel übergegangen? Warum bezahlen wir heute mit bedruckten Papierscheinen? Und woher stammt das vielfach uneingelöste Versprechen, dass es uns allen besser gehen wird, wenn die Wirtschaft floriert?

Um das zu verstehen, müssen wir weit zurückgehen. Vor mehr als zwei Jahrtausenden wandelte sich der menschliche Lebensstil radikal. Menschen hörten auf, von einem Ort zum anderen zu ziehen und fingen an, Siedlungen zu gründen, Acker zu bestellen und effektive Werkzeuge herzustellen. Diese Wende vom Nomadentum zur Sesshaftigkeit, die neolithische Revolution, ist für viele Wissenschaftler die zentrale Wende der Menschheitsgeschichte.

Warum? Weil dort alles begann. Es war die Geburt der Wirtschaft. Es bildeten sich unterschiedliche Berufe heraus, die mit der Zeit immer vielfältiger wurden. Neue Entdeckungen und Möglichkeiten schafften eine Nachfrage, und neue Berufe sicherten das Angebot.

Während sich die Menschen vor der neolithischen Revolution alles selbst besorgen mussten, was sie zum Leben brauchten, fußte die neu entstandene Wirtschaft auf der

Arbeitsteilung. Heute musst du die Schuhe, die du an den Füßen trägst, nicht mehr selbst schustern. Du musst deine Lebensmittel nicht selbst anbauen und hast trotzdem genug zu essen. Du musst in deinem ganzen Leben keinen Hammer in die Hand nehmen, und kannst trotzdem in einem Haus wohnen. Du kannst von den Leistungen von Schustern, Bauern und Tischlern profitieren. Die Arbeitsteilung hat einen großen Vorteil: Dinge, die du nicht kannst, überlässt du anderen. Du stellst im Gegenzug das zur Verfügung, was du kannst. Reisen planen, Daten verarbeiten oder Flugzeuge fliegen. Nur wer sich auf eine Sache konzentriert, voller Hingabe, kann darin wirklich gut werden.

Ohne Arbeitsteilung kann jeder gerade so das Wichtigste für sein Leben besorgen. Durch Arbeitsteilung bilden sich unzählige Berufe heraus, unter denen du einen wählen kannst, für den du talentiert bist und der dir Spaß macht. Du profitierst von den Fähigkeiten der anderen, und die anderen profitieren von deinen. Es ist ein Kreislauf, der unser Leben erleichtert. Wenn du in diesen Kreislauf der Wirtschaft einsteigst, solltest du dich zunächst fragen:

Welche Leistung kann ich erbringen?
Worin bin ich gut?
Was tue ich gerne?
Was macht mir Spaß?
Was weckt meine Kreativität?
Wobei kann ich mich entwickeln?
Wie kann ich das in den Dienst der Gesellschaft stellen?

Vielleicht hast du dich bis jetzt nicht gerne mit wirtschaftlichen Themen auseinandergesetzt. Aktien, Zinsen, Investments und andere komplizierte Begriffe haben dich abgeschreckt. Dabei ist Wirtschaft etwas ganz Einfaches, ein elementarer Grundbaustein unseres Lebens.

Auch wenn viele Menschen versuchen, dir etwas anderes einzureden: Wirtschaft ist kein abstraktes Phänomen. Wirtschaft ist von den Menschen für die Menschen gemacht. Sie soll unseren Bedarf an Dienstleistungen und Gütern decken. Sie soll dafür sorgen, dass niemand hungern oder frieren muss. Sie soll eine Verbindung schaffen zwischen Menschen innerhalb einer Stadt, einer Region, eines Landes oder eines Kontinents. Letztlich eine Verbindung zwischen Menschen auf der ganzen Welt. Ein System, in dem jeder und jede von der Leistung des anderen profitieren kann.

Was bedeutet Wirtschaft?

Wer Wirtschaft betreibt, als Unternehmer oder Manager, muss ein Egoist sein, lautet ein weit verbreiteter Irrglaube. Er ist nicht ganz unbegründet, hat sich doch unsere Wirtschaft heute von ihren Ursprüngen weit entfernt. Umso mehr müssen wir den Blick darauf richten, was »Wirtschaft« im ursprünglichen Sinne bedeutet. Fangen wir mit der Phonetik an. Sprachgeschichtlich kommt der

Begriff »Wirtschaft« vom althochdeutschen Wort »wirtscaft«, das die Tätigkeit des Wirts oder Hausherren meinte. Seine Aufgabe war es, Gäste zu beherbergen und zu bewirten.

Noch eindeutiger ist die Herkunft des Begriffs »Ökonomie«. Im Altgriechischen bedeutet *oikos* das Haus und die *oikonomia* bedeutete das Bewirtschaften des eigenen Hauses. Dazu gehörte es, sich um die Familie und um Gäste gut zu kümmern.

Das Wort *oikonomia* stand eigentlich immer für etwas Einfaches: für das Instandhalten des eigenen Hauses, für die Hilfeleistung gegenüber anderen und für die Rücksichtnahme auf das, was jemand selbst hat.

Ob wir es nun Ökonomie oder Wirtschaft nennen, der Sinn dieses Systems liegt darin, einen Kreislauf zu schaffen, der Wohlstand und Sicherheit für alle erzeugt. Einen Kreislauf, der auf natürliche Weise dafür sorgt, dass Kranke und Schwache geschützt sind. Einen Kreislauf, der Chancengleichheit garantiert.

Die Wirtschaft soll im besten Fall eine Welt schaffen, die gegen Ungerechtigkeiten vorgeht und es den Menschen ermöglicht, ihre Potentiale auszuschöpfen.

Wenn die Wirtschaft diesem Sinn entspricht, wird sie auf natürliche Weise florieren und sich einen Sozialstaat leisten können. Es gibt Errungenschaften wie das Gesundheits-, das Renten- und das Bildungssystem. Die Wirtschaft ist das Fundament einer funktionierenden Rechtstaatlichkeit, die in den vergangenen Jahrzehnten in den westlichen Demokratien für einen einzigartigen Frieden gesorgt hat.

Die tragende Kraft der modernen Wirtschaft aber sind Unternehmen. Was ist ein Unternehmen? Und wem soll es eigentlich dienen?

DER SINN DER UNTERNEHMEN

Genau diese Frage stellte sich eines Tages der Fleisch-Industrielle Karl Ludwig Schweisfurth. Sein Großvater hatte als Metzger gearbeitet und sein Vater sich mit der familieneigenen Landmetzgerei langsam, aber sicher in die Bürgerlichkeit vorgearbeitet. Der kleine Karl Ludwig lernte das Familienhandwerk aus den Augen eines Kindes kennen. Seine Lehr- und Wanderjahre verbrachte er in den 1950er-Jahren in Amerika. Was er dort sah, und zu diesem Zeitpunkt aus Europa nicht kannte, beeindruckte den jungen Mann: die industrielle Fleischverarbeitung. In Amerika zerlegte man Fleisch maschinell. Die moderne Technik war schnell, effizient und sie erforderte weniger Krafteinsatz. Kaum zurückgekehrt in den elterlichen Betrieb, schmiedete Schweisfurth deshalb große Pläne. Er übernahm die elterliche Landmetzgerei, stellte Fließbänder, Verpackungsautomaten und Datenverarbeitungsmaschinen in die Werkshallen und trimmte den Betrieb auf amerikanische Effizienz. Schweisfurth war ein Pionier seiner Branche, einer, der den technischen Fortschritt klug nutzte und sich von den Errungenschaften in Übersee anstecken ließ.

Doch nicht nur die Idee des Fortschritts hatte von ihm Besitz ergriffen, sondern auch die amerikanische Mär vom grenzenlosen Wachstum. Bald erwirtschaftete Schweisfurth mit 5.500 Mitarbeitern mehr als eine Milliarde

D-Mark (rund 500 Millionen Euro) im Jahr. Sinnfragen stellte er sich dabei nicht.

Warum tue ich eigentlich, was ich tue?
Ist das, was ich tue, wichtig?
Ist es richtig?

Warum sollte er auch? Sein Unternehmen wuchs und wuchs. Schweisfurth verdiente jedes Jahr mehr. Er war erfolgreich. Was er tat, funktionierte.

Dann kam das Jahr 1980. Mit den Schweinen, die er zur Schlachtung geliefert bekam, stimmte etwas nicht. »Sie waren verhaltensgestört«, erinnerte er sich später in einem Interview mit der deutschen Tageszeitung *taz*. »Sie fielen bei der geringsten Anstrengung tot um. Ihr Fleisch war wässrig.«

Schweisfurth wollte dem Qualitätsmangel auf den Grund gehen. Er fuhr ins Oldenburger Land, wo die Tiere herkamen. »Ich dachte, ich würde einen Bauern antreffen«, erzählt er. »Doch ich traf einen Menschen, der einen Bungalow mit Clubgarnitur bewohnte. Er zeigte mir die Ställe. Sie hatten Spaltenböden, die das Ausmisten überflüssig machen. Damals war das die neueste Errungenschaft. Aber da waren auch dieser unglaubliche Gestank, diese Dunkelheit und diese Enge. Als ich zu den Tieren ging, sahen sie mich an, als wollten sie fragen: Was macht ihr mit uns?«

Schweisfurth wunderte sich. Erstmals hatte sein Geschäftssinn ein moralisches Preisschild bekommen. Beständiges Wachstum und unermessliche Profite hatten Lebewesen zu Waren gemacht, deren Lebensqualität nur eine Randnotiz war.

Die industrielle Fleischverarbeitung hat sich seit diesem Erlebnis weiterentwickelt. In riesigen Zuchtfabriken steuert ein einziger Mensch mit wenigen Klicks tausende von Schweinen. Die Tiere haben abgeschliffene Schwänze, sind vollgepumpt mit Medikamenten und stehen so dicht beieinander, dass sie kaum genug Platz haben, sich hinzulegen. Ein Heer moderner Arbeitssklaven, meist aus östlichen Staaten wie Bulgarien oder Rumänien, tötet und zerlegt die Tiere auf grausame Weise. Der Lohn liegt dank billiger Werksverträge bei kaum mehr als vier Euro pro Stunde. Die Tiere dienen nur einem Zweck. Sie sollen so fett werden wie möglich, die Kilozahlen in die Höhe treiben, und als kostengünstiges Mittagessen auf unseren Tellern landen.

Schweisfurth zog sich in ein Kloster zurück und dachte nach. Auch darüber, dass keines seiner Kinder in die Fußstapfen treten wollte, die er gerade hinterließ. Er war gut darin gewesen, Tiere zu Nahrungsmitteln zu verarbeiten. Sein ganzes Leben hatte er das getan. Es war der Sinn seines Lebens. Doch nun erkannte er, dass es seine Pflicht war, sorgsam mit der Natur umzugehen. Sonst würde er der Gesellschaft früher oder später mehr schaden, als er ihr je genutzt hatte.

Nach seinem Aufenthalt im Kloster verkaufte er sein Unternehmen an Nestlé und rief die *Hermannsdorfer Landwerkstätten* ins Leben. Er wollte zeigen, wie ein Unternehmen aussehen kann, das die Natur nicht mehr ausbeutet, sondern in einer Symbiose mit ihr arbeitet. In diesem vollbiologischen Betrieb steht keiner der 200 Mitarbeiter an einem Fließband. Gelernte Fleischer arbeiten zu einem fairen Lohn. Am frühen Morgen beginnen sie damit, Tiere aus artgerechter Haltung stressfrei zu schlachten, kunstvoll zu zerlegen und sorgsam zu verarbeiten.

Viele hielten Schweisfurth für einen Spinner. Er glaubte jedoch an seine Idee. Bis zu seinem Tod im Jahr 2019 arbeitete er selbst in seinen Werkstätten mit. Für den Visionär hatten sich Arbeit und Unternehmer-Karriere in einen Auftrag verwandelt, den er im Sinne der Gesellschaft und im Sinne der Umwelt bis zuletzt erfüllte.

Genau wie jeder Mensch sollte auch jedes Unternehmen einem inneren Auftrag, einer Mission, folgen. Für diese Mission sollten die Menschen ihre Kräfte mobilisieren. Davon leben Unternehmen. Es sind die unterschiedlichen Fähigkeiten und Persönlichkeiten, von denen Menschen gegenseitig profitieren können und von denen ihr Erfolg ausgeht. Der österreichische Neurologe und Psychiater Viktor Frankl schrieb dazu in seinem Buch *Es kommt der Tag, da bist du frei*: »Nur die Gemeinschaft gewährleistet den Sinn der Individualität der Individuen; aber auch: nur die gewahrte Individualität der Individuen gewährleistet umgekehrt den Sinn von Gemeinschaft. Dies ist es auch, und nur dies allein, was Gemeinschaft vom bloßen Kollektiv oder gar von der Masse unterscheidet.«

Auf einem Schild aus Holz, das vor den *Hermannsdorfer Landwerkstätten* steht, ist ein Satz über den eigentlichen Sinn eines Unternehmens zu lesen. Schweisfurth war ihm während seines Aufenthaltes im Kloster auf den Grund gegangen.

Ein Unternehmen ist dem Wesen nach ein sozialer Auftrag: unterschiedliche Menschen auf ein gemeinsames Ziel auszurichten, überschaubar, verstehbar und zum gemeinsamen Nutzen.

WIE DIE WIRTSCHAFT IHREN SINN VERLOR

Die Wirtschaft ist entstanden, um den Menschen das Leben zu erleichtern. Um ihnen zu dienen und ihnen dabei zu helfen, sich selbst zu verwirklichen. Sie sollte ihnen Möglichkeiten und Freiheiten geben, indem sie ihnen die Last abnahm, selbst für ihr Überleben zu sorgen.

Von dieser Idee sind wir im 21. Jahrhundert weiter entfernt als je zuvor. In vielen Bereichen hat die Wirtschaft ein Eigenleben entwickelt und das Verhältnis von Geben und Nehmen umgekehrt: Wir sind die Sklaven der Wirtschaft geworden. Wir füttern sie, damit sie immer fetter und fetter wird, während sie uns langsam verschlingt. Sie ist zu einer kapitalistischen Monsterwirtschaft geworden.

Leise und unbemerkt hat sie uns zu Arbeitnehmern gemacht, die sich ihren Bedürfnissen unterwerfen, und zu Kunden, die vom Konsum leben. Niemand fragt mehr: Was möchte ich eigentlich wirklich machen? Was erfüllt mich? Brauche ich das überhaupt? Vielmehr flüstert uns die Wirtschaft ein: Befolge meine Regeln, dann wird alles gut. Ideen sind ein Luxus, den du dir nicht leisten kannst, wenn du Erfolg haben willst. Sie flüstert: Der ganze Spaß liegt doch genau darin, etwas zu kaufen, das du *nicht* brauchst. Ihre Stimme klingt mittlerweile so vertraut, dass wir sie für unsere eigene halten.

Diese Stimme findet sich etwa im Slogan der österreichischen Wirtschaftskammer wieder:

Geht es der Wirtschaft gut, geht es uns allen gut.

Der Satz insinuiert, dass es zuvorderst der Wirtschaft gutgehen müsse. Ihr Wohlergehen steht demnach über allem anderen. Strample dich als Arbeitnehmer und Konsument in einem Hamsterrad ab. Denk nicht, sondern lauf. Strample und konsumiere. Dann rettest du die Welt. Das ist es, was uns solche Slogans verkaufen wollen.

Das Gefühl, dass an diesem Versprechen etwas nicht stimmt, schleicht sich immer mehr in unsere Gesellschaft ein. Ein Kulminationspunkt waren die Jahre nach der Weltwirtschaftskrise 2008 und 2009. Die Aktienkurse waren nach oben geschossen und die Unternehmen immer wertvoller geworden. Kein Preis war zu hoch, kein Deal zu groß, Wachstum wurde zur neuen Normalität. Die Steuersäckel von Ländern wie Deutschland und Österreich liefen über. Der Wirtschaft ging es prächtig.

Doch viele Menschen lasen von den Rekorden nur in der Zeitung. Sie fragten sich, von welcher Welt da eigentlich die Rede war. In ihrem Leben kamen die exorbitanten Gewinne nicht an. Sie spürten nur den Leistungsdruck, der ins Unendliche zu wachsen schien, und fürchteten um ihre Jobs, weil die Unternehmen auf Effizienz getrimmt, digitalisiert und automatisiert wurden. Sie fühlten sich als lästige Anhängsel einer Wirtschaft, in der sie nur Ballast waren und alles andere als systemrelevant.

Das System zu hinterfragen wagten sich allerdings nur die wenigsten. Wer will dem Modus, in dem wir arbeiten, die Schuld zuweisen? Die Schuld, das war höchstens das eigene Unvermögen oder die steigende Zahl von Einwanderern, die ihnen populistische Parteien als Job- und Ressourcen-Räuber verkauften.

Die Gesetze der kapitalistischen Monsterwirtschaft zu hinterfragen, kam vielen hingegen vor, wie das Gesetz der Schwerkraft anzuzweifeln. Das System lief ja. Sollte die Wirtschaft ein paar Quartale hintereinander einknicken oder gar kollabieren, wäre das auf der Jahrhundertachse nur ein kurzes Stolpern, niemals jedoch ein tiefer Sturz. Vielleicht gäbe es ein paar Jahre lang eine Rezession, aber früher oder später ginge es wieder von vorne los.

Die kapitalistische Monsterwirtschaft schafft die Bürger allmählich ab und ersetzt sie durch Konsumenten

Nach Jahrhunderten der Revolutionen, Demonstrationen und Aufstände, nach Kriegen und menschlichen Katastrophen, entstanden im 20. Jahrhundert endlich Demokratien, in denen Rede- und Meinungsfreiheit herrscht und Menschen als freie und gleichberechtigte Bürger zusammenleben. Diesen Status zu erreichen, entspricht auch ganz dem Sinn der Wirtschaft: Sie ermöglicht den Wohlstand und die Infrastruktur, die für eine funktionierende Demokratie notwendig sind.

Doch die kapitalistische Monsterwirtschaft hat diesen Sinn verloren. Immer weiter lassen wir wirtschaftlichen Interessen den Raum, unser Privatleben zu bestimmen. Wir sind gern dazu bereit, unsere Privatsphäre aufzugeben und den Marktplatz in unser Wohnzimmer zu verlegen, wenn wir dafür mit wenigen Klicks bei *Amazon* bestellen und uns mit unseren *Facebook*- oder *Instagram*-Freunden unterhalten können.

Der Preis dafür wird uns immer bewusster. Konzerne wie Google, Apple oder Facebook wissen mittlerweile alles über uns. Sie analysieren, was wir kaufen, welche politische Gesinnung wir haben, ob wir gesund leben oder mit wem wir eine Beziehung führen. Daten werden zur neuen Weltwährung.

In ihrem Buch *Himmlisch frei* beschäftigt sich die Journalistin und Theologin Renata Schmidtkunz mit Kunstwerken vornehmlich osteuropäischer Künstler. Sie hatten zwei Jahrzehnte nach dem Fall der Berliner Mauer ihren Schock über die neuen Verhältnisse in ihren Bildern verarbeitet. Mit der »westlichen Welt« konnten sie wenig anfangen.

»Ein Kunstwerk blieb mir besonders in Erinnerung«, schreibt Schmidtkunz. »Auf einer weißen Wand waren mit einer einfachen schwarzen Linie zwei menschliche Figuren gemalt. Eine stand aufrecht und hielt, offensichtlich demonstrierend, ein Schild hoch. Darunter stand geschrieben: *Citoyen* (Bürger). Aber das Wort war durchgestrichen. Daneben stand eine zweite Figur, gebeugt, mit hängenden Armen, links und rechts mit schweren Einkaufstaschen behängt. Darunter stand das Wort: *Consumer* (Konsument).«

Der Begriff *Citoyen* war nach der französischen Revolution 1789 in Mode gekommen. Er beschrieb die neue Rolle des Menschen, der im Geiste der Aufklärung aktiv und eigenverantwortlich am gesellschaftlichen Leben teilnimmt. Bürger bezahlten Steuern, im Gegenzug garantierte ihnen der Staat grundlegende Freiheits- und Mitbestimmungsrechte. Damals, am Ende des 18. Jahrhunderts, war das eine gewaltige Neuerung.

Der deutsche Philosoph Georg Wilhelm Friedrich Hegel glaubte, dass der Mensch als freier Bürger die höchste Stufe seiner Existenz erreicht hatte. Dass Menschen gleichberechtigt und gerecht nebeneinander leben konnten, war demnach die höchste Errungenschaft, die erstmals durch den *Citoyen* geleistet wurde.

Heute wurde der *Citoyen* allerdings durch den Konsumenten abgelöst. Der Wert, den jemand für die Gesellschaft hat, ergibt sich aus seiner Effizienz und seinem Reichtum. Oberflächliche und materielle Symbole sind wichtiger geworden als politische Meinungen.

Die Märchengeschichte über den Kapitalismus

Der größte Trick des Teufels, besagt ein Sprichwort, war es, so zu tun, als gäbe es ihn nicht. Der größte Trick der Monsterwirtschaft ist es, so zu tun, als gäbe es keine Alternativen. Wenn Alternativen entstehen, wehrt sie sich mit allen Mitteln dagegen. Sie kommt mit ihren Verlockungen und verschlingt sie, oder sie treibt ihre Protagonisten in den Ruin.

Im Westen hören wir oft, dass die friedlichen Proteste der osteuropäischen Länder gegen ihre kommunistischen Regierungen in den 1980er-Jahren einzig und allein das Ziel hatten, den westlichen Lebensstil zu kopieren. Das wird gemeinhin als Beleg dafür genommen, dass es keine Alternative zum Kapitalismus gibt. Jedes andere Wirtschaftssystem bringt in dieser Sichtweise Armut hervor, wie man sie in den ehemaligen kommunistischen Staaten erlebt hat. Doch so einfach ist es nicht. Die Menschen protestierten nicht bloß gegen ein totalitäres Regime und für den kapitalistischen Westen, sondern auch für eine faire und gerechte Wirtschaft, die solidarisch ist.

Tatsächlich hat die Demokratisierung von Ländern wie Polen oder Ungarn politische Freiheiten für ihre Bürger hervorgebracht, die unter kommunistischer Herrschaft undenkbar waren. Doch auch in diesen Ländern zeigte sich der Kapitalismus bald von seiner hässlichsten Seite. Viele Menschen haben noch heute mit finanziellen Problemen zu kämpfen. Der Reichtum ist ungleich verteilt. Ungerechtigkeiten haben populistische Parteien an die Macht gespült, die die Demokratie für ein lästiges Übel halten. Politiker wie der ungarische Premierminister Viktor Orbán sprechen von einer »illiberalen Demokratie«, und meinen damit in Wahrheit: Kapitalismus ja, Demokratie lieber nicht.

Die angebliche Alternativlosigkeit zum westlichen Kapitalismus hat in den vergangenen dreißig Jahren jeden Widerstand im Keim erstickt. In den Köpfen der meisten Menschen ist der Kapitalismus mit Frieden und Wohlstand verknüpft. Der Wirtschaft müssen wir alles unterordnen. Solange das Wachstum anhält, wird es uns gut gehen.

Dabei gibt es diese Alternativlosigkeit noch gar nicht lange. In den 1970er- und 1980er-Jahren hatten viele Menschen noch ein Bewusstsein dafür, dass etwas auf dieser Welt falsch läuft. Menschen erkannten, dass unsere Art zu wirtschaften den Planeten ausbeutet und Lebenschancen zerstört. Sie erkannten, dass wir mit unserer Lebensweise zur Vernichtung von Natur und Umwelt beitragen. Diese Denkart lässt sich in einem Satz zusammenfassen:

Der Konsum zerstört den Planeten.

Die Börsenmilliardäre und politischen Amtsträger, die ihren Erfolg dem Wirtschaftssystem verdankten, lachten über die Warnungen der »Öko-Freaks«. Deren Gerede vom Klimawandel, der Vernichtung der Regenwälder, der Vermüllung der Meere und der Vergiftung der Böden klang in ihren Ohren nach einer Schauergeschichte für Kinder. Seither haben die Ausbeutung der natürlichen Ressourcen, die Zerstörung von Lebensraum und die Verschmutzung von Luft und Wasser zugenommen. Die Realität hat die schlimmsten Befürchtungen der »Öko-Freaks« übertroffen.

Einst sollte die Wirtschaft die Menschen auf der ganzen Welt zu einem globalen »Wir« verbinden. Stattdessen ist sie zu einem Monster geworden, das wenige Menschen zu sagenhaftem Reichtum führt, während es den Großteil der Erdbevölkerung mit einem zerstörten Planeten zurücklässt.

Heute kontrollieren rund 2.000 Menschen der Welt mehr Geldvermögen als die ärmsten 4,6 Milliarden. Fast die Hälfte aller Arbeitnehmerinnen und Arbeitnehmer auf der ganzen Welt muss jeden Tag mit weniger als anderthalb Euro auskommen. Ein Fünftel von ihnen hat weniger als 75 Cent pro Tag zur Verfügung. Und dennoch bestimmt ein Gesetz die Wirtschaft dieser Welt:

Der Konsum rettet den Planeten.

Wirtschaftsexperten haben dafür eine einfache Erklärung: Ohne Konsum gibt es kein Wachstum, und ohne Wachstum geht die Wirtschaft zu Ende.

Die Finanzwirtschaft hat sich zu einem überfressenen, entkoppelten Monster entwickelt, das ein Eigenleben führt. Nicht mehr die Menschen lenken die Wirtschaft, die Wirtschaft lenkt die Menschen nach ihren eigenen Vorlieben. Ihre Lieblingsdisziplin: Wachstum.

Die Börsenwirtschaft ist zu einem Kasino geworden, in dem die Lust am Zocken keine Grenzen kennt. Die Finanzprodukte heißen Futures, Options, Swaps, ETF's, CDS, CDO's. Sie sind das Merkmal einer inneren, tief verwurzelten Habgier, gemischt mit einer ordentlichen Portion Hochmut und einer Prise Hemmungslosigkeit. Wenige Filme haben dieses Phänomen so anschaulich verarbeitet wie Oliver Stones Streifen *Wall Street*. Darin spielt Charlie Sheen einen jungen Broker an der Wall Street, der an den erfolgreichen und skrupellosen Gordon Gekko (Michael Douglas) gerät. In der berühmtesten Szene des Films fasst Gekko sein Erfolgsrezept in drei Worten zusammen:

Gier ist gut.

Gier hält die Wirtschaft am Laufen. Gier sorgt für das stetige Wachstum. Gier will aus viel Geld noch mehr Geld machen.

Wenn wir das hören, müssen wir uns unweigerlich fragen: Wie konnte es so weit kommen? Wann wurde diese Monsterwirtschaft geboren?

Die Geburt der Monsterwirtschaft

Die Wirtschaft verwandelte sich zu dem Zeitpunkt in ein gefräßiges Monster, als das Geld seinen ursprünglichen Sinn verlor.

Menschen haben schon vor Jahrtausenden damit begonnen, Zahlungsmittel zu verwenden. Das Papiergeld ist eine relativ neue Entwicklung. Davor tauschten die Menschen Muscheln, Getreide, Steine, Salz, Felle, Vieh, Gold oder Silber. Sie zeichneten sich durch ihren hohen Wert aus und waren in beschränkter, aber ausreichender Menge vorhanden.

Die Zahlungsmittel wurden im Alltag auch als Waren, zum Beispiel als Nahrungsmittel oder als Schmuck, eingesetzt. Als Folge der neolithischen Revolution und der beginnenden Arbeitsteilung fingen die Menschen an, Güter zu sammeln und zu speichern.

Dadurch kam es zu einer weiteren wichtigen Änderung: Der einfache Tauschhandel wurde abgelöst von Waren, die an Wert gewinnen konnten, indem man sie ansparte und auf günstige Gelegenheiten wartete. Hatte etwa jemand einen Speicher voller Getreide, während die Felder der anderen Bauern nur eine geringe Ernte abwarfen, stieg der Wert des Getreides automatisch an. Wenn jemand heute mit Aktien oder Immobilien handelt, dann ist das Verfahren viel komplexer, die Grundidee bleibt aber die gleiche.

Die Erfindung des Geldes und die Geschichte vom reichsten Mann aller Zeiten

Bereits in der Antike kamen Menschen auf die Idee, das Warengeld durch Münzen zu ersetzen. Ein Vorteil war ihr stabiler Wert. Ein weiterer, dass sich die Münzen ausschließlich als Zahlungsmittel einsetzen ließen. Eine Münze aus Kupfer oder Silber konnte man schließlich nicht essen oder als Schmuck tragen. Die Idee des Geldes war damit geboren.

Was im Laufe der Jahrhunderte passierte, ist eigentlich unglaublich. Zu Beginn handelten Menschen mit Waren, die nützlich waren. Getreide und Salz konnte man als Nahrung verwenden, Muscheln zu Schmuck verarbeiten, Felle für Kleidung oder Möbel verwenden. Aber was konnte man mit Münzen machen? Genau genommen gar nichts. Genau deswegen eigneten sie sich perfekt als Zahlungsmittel. Ihre einzige Funktion war, Dinge zu erwerben. Sie verfaulten nicht und machten den Wert von Waren vergleichbar.

Vor der Erfindung des Geldes machte es keinen Sinn, einen Preis festzusetzen. Nehmen wir an, jemand will eine Kuh verkaufen. Der erste Käufer bietet ihm drei Säcke Getreide. Der zweite fünf Hühner. Der dritte eine wunderschöne Muschel. Wie entscheidet er sich? Vermutlich danach, was er zum betreffenden Zeitpunkt am dringendsten braucht. Doch mit den Münzen änderte sich die Situation. Plötzlich ließ sich ein Preis festsetzen, der sich daran orientierte, wie dringend der Bedarf eines Produktes war. Es gab eine gemeinsame Verhandlungsbasis, und das war eine Revolution.

Doch wer bestimmte, wie viel eine Münze wert war? Ein Standard war nötig. Im Mittelalter war das der Silberstandard. Der Wert einer Münze ergab sich durch ihren Silbergehalt. Je mehr Silber in der Münze verarbeitet war und je schwerer sie wog, desto wertvoller war sie. Der spätere Goldstandard aus England setzte sich weltweit durch.

Doch es geriet schnell in Vergessenheit, dass dieser Wert künstlich ist. Menschen haben sich darauf geeinigt, zuerst Silber und dann Gold als Standard einzusetzen und den Wert ihrer Münzen und ihrer Scheine davon abhängig zu machen. Wie sich die Standards entwickelten, entzog sich allerdings der Kontrolle. Wenn zum Beispiel sehr viel Silber oder Gold auf dem Markt war, dann verloren die Münzen oder die vom Goldstandard abhängigen Scheine automatisch ihren Wert.

Die Geschichte des Königs Mansa Musa, der im 14. Jahrhundert über das heutige afrikanische Mali herrschte, illustriert das. In Mali gab es große Goldvorkommen, über die er als König allein verfügen konnte. Musa verwaltete einen geradezu sagenhaften Reichtum. Die britische Tageszeitung *The Independent* berechnete, dass sein Vermögen heute 400 Milliarden US-Dollar betragen würde. Damit wäre er heute einer der reichsten Menschen aller Zeiten.

Als Muslim begab sich Mansa Musa auf den Hadsch, die heilige Pilgerfahrt nach Mekka in Saudi-Arabien. Mansa Musa bildete für die beschwerliche Reise eine Karawane von 60.000 Menschen, darunter unzählige Sklaven, und achtzig Kamelen. Jedes dieser Kamele trug 140 Kilogramm Gold auf dem Rücken. Weil eine Pilgerfahrt auch mit Wohltätigkeit verbunden war, verschenkte Mansa Musa unterwegs den Großteil des Goldes.

Musa war offenbar kein großer Ökonom, sonst hätte er die Auswirkungen seiner Großherzigkeit auf die damalige Weltwirtschaft vorausgesehen. Der Wert von Gold brach wegen des Überangebots ein. Schließlich hatte nun jeder genug davon. In Ägypten verteilte Mensa Musa sogar so viel Gold, dass die ägyptische Währung Dinar über Jahre hinweg völlig wertlos wurde. Seine Barmherzigkeit hatte auch für Mansa Musa Folgen. Nach seiner Rückkehr nach Mali war der weltweite Goldstandard so tief gesunken, dass sein Königreich bald darauf zerfiel.

Wie das Geld seinen inneren Wert verlor und ein König dafür mit dem Leben bezahlte

Trotz der Eskapade von Mansa Musa blieb Gold für die meisten Länder der Welt der Währungsstandard. Dann kam der Erste Weltkrieg und Politiker erklärten sich dazu bereit, Unmengen an Geld auszugeben, etwa für die Rüstungsindustrie. An Wirtschaftlichkeit dachte in dieser Zeit niemand, ganzen Staaten drohte ob der Geldflut der Bankrott. Um sie zu verhindern, gaben die Staaten den Goldstandard auf und erfanden das sogenannte Fiatgeld.

Fiat ist lateinisch und bedeutet »es geschehe«. Im volkswirtschaftlichen Sinne bedeutet es, dass der Geldwert politischem Willen unterliegt. Zentralbanken können den Wert des Geldes einfach beeinflussen. Fluten sie den Markt mit Geld, verliert die Währung an Wert. Schalten sie die Druckerpressen ab, tritt der umgekehrte Effekt ein und der Wert des Geldes steigt. Mit dem Fiatgeld wurde jedes Land für seine eigene Geldproduktion und den Wert seiner Währung verantwortlich.

Fiatgeld ist eigentlich keine Erfindung des 20. Jahrhunderts. Immer wieder tauchte es in der Geschichte der Menschheit auf, bezeichnenderweise immer dann, wenn Staaten nach großen Konflikten in einer Krise steckten.

Beispielhaft ist die Geschichte des persischen Königs Gaichatu, der im 13. Jahrhundert lebte. Sein verschwenderischer Lebensstil brachte ihn an den Rand des Bankrotts. Als Persien eine Rinderpest heimsuchte, blickte Gaichatu eines Morgens in die Staatskasse und fand sie leer vor.

Was sollte er tun? Gaichatu druckte einfach sein eigenes Geld. Wer fortan mit seinen eigenen Waren handelte, wurde mit dem Tod bestraft.

Gaichatu hätte im Prinzip die alleinige Kontrolle über das Geld besessen. Doch es kam anders: Die Bürger akzeptierten das neue Geld einfach nicht. Sie stifteten Unruhe, stoppten den Handel und führten die gesamte Wirtschaft zum Zusammenbruch. Königliches Blut zu vergießen, galt zu dieser Zeit als Todsünde. Also erdrosselten die Bürger des Landes Gaichatu mit einer Bogensehne.

Derartiger Widerstand ist vielleicht möglich, wenn sich ein einzelner Despot dazu entschließt, seine Wirtschaft in den Ruin zu treiben. Wenn sich alle mächtigen Staaten der Erde zum Gelddrucken verbünden, ist die Lage eine andere. Genau das geschah um 1930. Fast alle Staaten dieser Erde druckten Fiatgeld. Die Definition lautet wie folgt: Tausch- und Zahlungsmittel mit nominalem, aber ohne inneren Wert.

Bis dahin war es kein einfacher Weg. Die USA mussten den ursprünglichen Goldhandel aufgeben und Gesetze er- lassen, die Goldbesitz unter Verbot stellten. Der Plan ging auf. Der Wert des Geldes löste sich vollständig vom Gold. Die Geldpolitik hatte ein neues Werkzeug an der Hand.

Regierungen konnten nun über die Geldpolitik das Ni- veau der Preise sichern und die Inflation steuern. Wenn eine Regierung klug vorging, kann das ganze Land von dieser Geldpolitik profitieren. Aber es gibt auch Nachteile: Das Fiatgeld verleiht jenen, die die Geldpolitik bestimmen, große Macht. Geld hat keinen materiellen Wert mehr, es verkommt zu einer leeren Hülle und kann nach Belieben der Mächtigen an Wert zu- und abnehmen. Manche Öko- nomen sehen deshalb die Erfindung des Fiatgeldes als Ent- fesselung des Kapitalismus. Die Wirtschaft begann, hyper- troph zu werden.

Hypertrophie stammt aus dem Griechischen. In der Me- dizin bezeichnet es ein Organ oder ein Gewebe, das auf- grund einer Fehlfunktion nicht mehr aufhört, zu wachsen. Es mag von Vorteil sein, wenn unsere Muskeln wachsen, weil wir dadurch stärker werden. Ab einem gewissen Punkt jedoch wird Wachstum gefährlich für den Organismus. Oft wird es sogar tödlich.

Hypertrophie steht für Übermaß. Das Wort passt deshalb zu unserer modernen Wirtschaft. Sie ist maßlos. Sie überschreitet jede natürliche Grenze. Sie agiert längst jenseits jeder Vernunft.

DER KERN IN ALLEM UND JEDEM

Von Robert Rogner

Was ist der Sinn meines Lebens? Diese Frage stellte ich mir lange nicht, denn die Antwort schien von Anfang an klar zu sein. Ich wurde, wie jeder andere auch, in ein familiäres System hineingeboren. Es prägte mich und hinderte mich daran, mir diese Frage zu stellen. Der Sinn meines Lebens schien vom Wirken meiner Eltern bestimmt zu sein.

Mein Vater war Bauunternehmer und weil meine Mutter eine Hotelierstochter war, konzentrierte er sich vor allem auf touristische Projekte. Er baute sie nicht nur, er entwickelte und betrieb sie auch. Dies zum Teil in Osteuropa, das damals noch wirtschaftliches Neuland war.

Mir waren damit die Bauwirtschaft und der Tourismus in die Wiege gelegt worden. Sie gehörten seit meiner Geburt zu meinen wichtigsten Begleitern. Von klein auf spielte ich Baumeister, hörte meinen Eltern zu, wenn sie über neue Projekte sprachen und träumte davon, eines Tages selbst in den wilden Osten zu ziehen und dort zum Helden zu werden. Die Familientradition fortzusetzen, darum ging es in meinem Leben.

Ich machte meine Ausbildung zum Bauingenieur, studierte als perfekter künftiger Junior-Chef nebenbei Wirtschaft, machte an der *Rotman School of Management* der Universität Toronto, einer Kaderschmiede für Investmentbanker, meinen Abschluss als *Global Executive Master of Business Administration* und übernahm nach einigen Jahren, in denen ich Assistent meines Vaters war, die Leitung der *Rogner Holding*. Alles wie geplant und vorbestimmt.

Mit zwanzig Jahren übernahm ich ohne jegliche Erfahrung mein erstes Projekt inmitten des Zusammenbruchs des damaligen Ostblocks: die Revitalisierung eines denkmalgeschützten Gebäudes zu einer Bank im Zentrum von Sofia. In Österreich erwarteten mich dafür viel Lob und Anerkennung. Jetzt kann ich alles schaffen, dachte ich. Ich wurde ein Getriebener, ein Gefangener meines Egos. Ich traf Minister, flog in Privatjets und fuhr einen Porsche. Ich war ein erfolgreicher Repräsentant unseres auf Profit und Effizienz um jeden Preis ausgerichteten Wirtschaftssystems. Weil ich das an die Spitze treiben wollte, entwickelte ich die Vision, institutionelle Anleger ins Unternehmen zu holen.

Die Einladung dazu erfolgte in Form einer sogenannten Road Show. Dort präsentieren sich Unternehmen samt ihrer Wachstumspläne Investmentbankern. Meine Pläne sahen vor, die spektakulären, aber recht unterschiedlichen Projekte meines Vaters miteinander zu verbinden, das Unternehmen an die Börse zu bringen und weiter zu einem internationalen Konzern auszubauen.

Während dieser Road Show saß ich eines Tages in London einem Investmentbanker gegenüber, der ungefähr in meinem Alter war. Er war von meiner Geschichte überzeugt und bereit einzusteigen. »Wir haben vor kurzem ein ähnliches Projekt finanziert. Willst du dich mit dem Betreiber unterhalten?«, fragte er. Es ging um Day-Spas, die damals noch eine Neuheit waren. Ein Mann hatte die Idee gehabt, inmitten der hektischen Großstädte Oasen der Ruhe zu schaffen.

Ich erwartete, dass dieser Mann mir von seinen großartigen Gewinnen berichten würde. Stattdessen erzählte er mir, wie er den Sinn seines Lebens aus den Augen verloren hatte. Seine Vision hatte sich als effizienz- und profitgetriebene Geldmaschine materialisiert, in der es nicht mehr in erster Linie um die Interessen seiner Kunden, sondern um die der Investmentbanker ging. Mit seiner Lust darauf hatte er auch seine Kraft verloren, was ihn noch mehr zum Spielball der Mächte gemacht hatte, denen er sich aus Leichtsinn und Größenwahn ausgeliefert hatte.

Ich flog heim und stellte mir zum ersten Mal die große Sinnfrage. Wozu das alles? Was sollte ich tun? Was war der Sinn meines Lebens?

Auf dem Weg, den ich von da an beschritt, änderte sich meine Umgebung. Menschen, mit denen ich bisher befreundet gewesen war, verschwanden, weil wir einander nicht mehr viel zu sagen hatten. Neue Menschen tauchten auf. Wissenschaftler, Philosophen, spirituelle Führer, Künstler und Unternehmer wie Johannes Gutmann und Josef Zotter, die in diesem Buch ebenfalls von ihrem Weg und ihrem Wirken erzählen werden. Viele von ihnen beeindruckten und beeinflussten mich. Von einigen, wie Seiner Heiligkeit, dem Dalai Lama, hätte ich nie gedacht, dass ich je mit ihnen in Beziehung treten könnte. Doch mein wirklicher Lehrmeister bei all dem war nicht ein Mensch, sondern ein Ort.

Dieser Ort befand sich in der steirischen Gemeinde Bad Blumau, wo in den 1970er-Jahren eine Ölfirma statt auf Öl auf heißes Wasser gestoßen war. Die Gemeinde betrachtete den Fund als Chance. Man könne dort eine Therme bauen, befand der Gemeinderat. Er wandte sich an meinen Vater, der die Anlage gemeinsam mit dem Künstler Friedensreich Hundertwasser als Verbindung zwischen Natur und Architektur realisierte.

Als das *Rogner Bad Blumau* 1997 aufsperrte, wuchsen auf den Dächern kleine Wälder, die Gebäude flossen in Wellenbewegungen über die Landschaft und die Fassaden waren in hunderten organisch aufeinander abgestimmten Farben gehalten. Es gab 330 Säulen, die eine Art Markenzeichen Hundertwassers waren, und mehr als 2.400 Fenster, von denen keines dem anderen glich.

Ich war insgesamt zehn Jahre lang Chef der *Rogner Holding* und damit auch hauptverantwortlich für das *Rogner Bad Blumau*. Entsprechend meiner Ausbildung und Prägung sah ich meinen Auftrag darin, die Wirtschaftlichkeit des Betriebes durch eine bessere Auslastung und Kosteneinsparungen zu steigern. Dabei arbeitete ich mit den bewährten Instrumenten, die ich aus meinem Wirtschaftsstudium kannte. Vor allem setzte ich auf das hochmineralisierte Thermalwasser und investierte viel Geld in dementsprechende klassische Vermarktungsaktivitäten. Mit dem Ergebnis, dass sich niemand dafür interessierte.

Bald bemerkte ich, dass an diesem Ort alles anders lief. Die vermeintlich allgemeingültigen ökonomischen Gesetze ließen sich dort einfach nicht richtig anwenden. Doch je mehr ich losließ, je mehr ich auf das System vertraute, das an diesem Ort anscheinend im wahrsten Sinne des Wortes naturgegeben war, desto besser funktionierte die Anlage. Der Betrieb florierte, aber nicht wegen mir, sondern weil er seinen eigenen Gesetzen folgte.

Ich fing an, in den Ort hineinzuhorchen. Dabei zeigten sich Mönche, die regelmäßig hinfuhren, um im heißen Bad Blumauer Wasser zu baden. »Dieses Wasser ist wertvoll. Es bringt uns in Beziehung zu uns selbst«, sagten sie zu mir. Sie zeigten mir, was ich tun konnte, um diesen Wert zu unterstreichen. Mit klassischem Marketing und Werbung hatte ihr Vorschlag allerdings nichts zu tun.

Sie stellten Kerzen rund um das Becken auf und dimmten das Licht. Sie gingen alle paar Stunden mit Weihrauch durch das Bad, und es funktionierte. Ohne eine einzige Werbebroschüre war der Wert dieses Wassers schlagartig allen klar. Unsere Gäste und auch die Mitarbeiter sahen und schätzten es, weil wir es sahen und schätzten.

Wir bauten um. Bis dahin wollten wir das Wasser so einfach und schnell wie möglich zugänglich, es konsumfähig machen. Nun verzögerten wir die Wege dorthin bewusst. Wir versteckten und hegten das Wasser wie einen wertvollen Schatz. Wir schraubten Wegweiser ab und schickten unsere Gäste, von denen immer mehr kamen, auf eine kleine Reise durch Wandelgänge, über Schwellen und durch Portale. Die Rituale der Mönche behielten wir bei. Dabei hatte ich nicht das Gefühl, den Ort nach unserem Willen zu formen, sondern seinem eigenen Willen zu folgen.

Erfahrungen wie diese veränderte mein Bewusstsein. Mir wurde klar, dass Menschen, Unternehmen und Orte so etwas wie einen inneren Kern haben, und dass, je näher wir diesem Kern kommen, sich alles immer dynamischer und immer richtiger fügt, sich alles am richtigen Platz einordnet. Ich verstand schließlich, dass es der Kern und der Sinn meines Lebens war, mich mit Beziehungen zu beschäftigen, mit meiner Beziehung zu mir selbst und davon ausgehend mit meinen Beziehungen zu anderen Menschen, zu Orten und zur Natur, und mit den Beziehungen von anderen Menschen zu alldem.

Statt einer sinnlosen, krankmachenden, wachstumsgetriebenen Monsterwirtschaft widmete ich mich nun einer sinnvollen, gesundmachenden, qualitätsbestimmten Wirtschaft, die vom Kern, den alle Menschen und alle Dinge in sich tragen, ausgeht.

Wir deckten den enormen täglichen Bedarf des Betriebes von nun an bei regionalen Herstellern, setzten dabei auf biologisch und nachhaltig hergestellte Produkte und entdeckten beispielhaft ein bei uns in Vergessenheit geratenes Ritual neu, das es in allen Kulturen zu allen Zeiten gegeben hatte: Das Händewaschen. Wir wuschen unseren Gästen bei ihrer Ankunft in Bad Blumau die Hände und setzten sie mit dieser für sie überraschenden Intervention in Beziehung zu sich selbst und dem Ort. All dies geschah wie von selbst. Wenn es dabei Unterstützung brauchte, war sie da.

Nach der Finanzkrise der Jahre 2008 und 2009 entwickelte ich gemeinsam mit Gutmann und Zotter das Bad Blumauer Manifest. Es entstand ebenfalls aus diesem Ort heraus und forderte dazu auf, den Sinn von Wirtschaft zu hinterfragen. Schließlich gründete ich die Gesellschaft für Beziehungsethik, die Raum für Beziehung schafft und Menschen und Unternehmen bei der Suche nach ihrem Kern begleitet.

Während wir dieses Buch schreiben, entsteht aus der Mitte meiner Beziehungen gerade ein neuer Ort. Er wird Menschen die Möglichkeit geben, sich aus ihrem Alltag, aus ihren Verhaltensmustern und damit auch aus ihren automatisierten Denkmustern herauszubewegen. In Bad Blumau habe ich erfahren, dass dieses sich Herausbewegen aus etwas ein sich Hineinbewegen in sich selbst erfordert, und damit einen Ort, eine Klause zum Beispiel, der uns inspiriert, diesen Weg nach innen zu beschreiten.

Meine »Klause« ist ein Haus aus reinem Holz, ein kleiner Bauernhof, der auf einem Felsen hoch über der Ebene steht. Hinter dem Haus steht eine tausend Jahre alte mächtige Linde, ein magischer Baum, der nicht, wie andere Naturdenkmäler dieser Art, nur noch zum Teil lebt. Jedes Jahr im Frühling begrünt er alle Äste und Zweige seiner gewaltigen Krone neu und frisch. Diese Linde steht dort wie eine Hüterin über das Haus und seine Bewohner, ganz entsprechend ihrer mythologischen Bedeutung von Schutz und Gemeinschaft. Sie steht da auch als kraftvolles Beispiel für ein Leben in Einklang mit der eigenen Natur und gibt Mut darin, sich darauf einzulassen.

An drei Seiten ist das Haus umgeben von dichtem Wald und nach einer Seite fällt der Blick frei und offen weit in das Land hinein. Es steht dort wie ein Leuchtturm und wer sich darin aufhält, kann weit unten zu seinen Füßen sehen, was er verlassen hat und wohin er mit Orientierung und neuen Inspirationen zurückkehren wird: Die Zivilisation mit ihren Lichtern, die in der Nacht da unten leuchten, und mit ihren Straßen, auf denen sich leuchtende Punkte bewegen. Dort oben werde ich in Zukunft leben und Menschen, die nach ihrem Kern suchen, Raum und Schutz gewähren.

Es wird ein guter Platz sein, um zu beten. Denn ich erkannte, inspiriert von den Mönchen in Bad Blumau, auch, dass Beten nichts anderes ist als in Beziehung zu treten mit dem eigenen Kern, mit dem Göttlichen, das in jedem und jeder von uns angelegt ist. Das Handeln aus dem Bewusstsein für unseren Kern heraus ist letztendlich das, was uns in all unserer Individualität zu einem guten Ganzen verbindet, das uns Kraft gibt und uns gemeinsam weiterbringt.

DIE MONSTERWIRTSCHAFT

Im globalen Finanzkasino ging der eigentliche Sinn der Wirtschaft längst verloren. Wer einem jungen Unternehmer heute vorschlägt, in zehn oder zwanzig Jahren ein gesundes Unternehmen auf die Beine zu stellen, erntet nur ungläubige Blicke oder Gelächter. Möglichst großes Wachstum in möglichst kurzer Zeit ist die Maxime. Wer mit diesem Ziel ein Unternehmen gründet, bläst die hypertrophe Wirtschaft weiter auf.

Um das zu verhindern, müsste die Regierung bestimmte Gesetze erlassen. Etwa eine Androhung von Strafzahlungen, falls ein Unternehmen fünf Jahre nach Gründung kein Eigenkapital in Höhe von mindestens 50 Prozent aufweisen kann. Später könnte dieser Prozentsatz auf 70 Prozent steigen. Wenn ein Unternehmen es schafft, sich zu 100 Prozent selbst zu finanzieren, sollte es hingegen einen staatlichen Bonus bekommen.

Damit würde der Staat gesunde Unternehmen mit langfristiger Planung züchten. Ganze Branchen wie der Tourismus würden mit solchen Regeln völlig anders aussehen. Sie wären vielleicht kleiner, aber gesünder.

Doch es gibt keinen politischen Willen dafür, solche Regeln umzusetzen. Startup-Gründer wollen keine gesunden, florierenden Unternehmen aufbauen. Sie wollen Geld machen, um sich einen Platz am großen Spieltisch des globalen Finanzkasinos zu kaufen.

Die Monsterwirtschaft überfrisst sich

Die Finanzwirtschaft verschiebt inzwischen Vermögen, die niemandem mehr gehören, heizt Entwicklungen mit Kapital an, das real gar nicht existiert, und spekuliert mit Geschäften, die von vornherein gar nicht funktionieren können. 600 Billionen, also 600.000 Milliarden Dollar, beträgt das jährliche Volumen solcher Derivate. Der klassische Geld- und Warenverkehr, den Ökonomen Realwirtschaft nennen, liegt bei zehn Prozent davon. Wir sind inmitten einer Irreal-Wirtschaft angelangt, die einigen wenigen in die Hände spielt und die Existenz der meisten anderen bedroht.

Die Finanzkrise in den Jahren 2008 und 2009 hat gezeigt, wohin der Weg dieser Irreal-Wirtschaft führen kann. Die Pleite der US-Investmentbank Lehman Brothers wegen kranker Geschäfte mit Immobilienkrediten brachte die gesamte Finanzwirtschaft an den Rand des Abgrunds.

Dabei hätte jedem Menschen mit gesundem Hausverstand dämmern müssen, dass es nicht gut gehen kann, wenn Banken in großem Stil Immobilienkredite an Menschen ohne Einkommen und Vermögenswerte vergeben. Doch auf dem Papier sah das toll aus. Die Immobilienbranche freute sich über die steigende Nachfrage, auch wenn sie Folge einer surrealen Bankenstrategie war. Die Finanzbranche verkaufte die uneinbringlichen Kredite sogar noch im Bündel mit anderen Papieren als Anlageprodukt rund um die Welt.

Und was passierte, als die Krise da war? Was passierte, als hunderttausende Menschen ihre Jobs, ihre Wohnungen, ihre Zukunft verloren hatten? Die Politik entschied sich nicht dafür, den Menschen zu helfen und den Crash zu nutzen, um die Wirtschaft neu und nachhaltiger aufzubauen.

Viel eher war die oberste Priorität, die Großbanken zu retten, die das Geld ihrer Kunden verprasst hatten. Die Politik wollte lieber eine globale Krise in Kauf nehmen, als auf die Verlockungen des Kapitalismus zu verzichten. Aber hat er wirklich so viele Vorzüge?

Die Monsterwirtschaft macht krank

In Wirklichkeit ist die Monsterwirtschaft ein gigantisches Lügenkonstrukt. Wenn sie von Sinn spricht, geht es ihr in Wirklichkeit nur um eine möglichst gute Geschichte. Wenn sie von Gemeinschaft spricht, geht es ihr in Wirklichkeit um die Verpflichtung aller, für sie da zu sein. Wenn sie vom Planeten spricht, geht es ihr in Wirklichkeit darum, sich bei seiner Ausbeutung nicht erwischen zu lassen. Wenn sie von Ethik spricht, geht es ihr in Wirklichkeit darum, eine hübsche Fassade zu errichten, damit ihre Kunden weiterkaufen.

Dabei widerspricht die Monsterwirtschaft in fast jeder Hinsicht dem eigentlichen Sinn der Wirtschaft. Chemiker und Psychologen nutzen die fortschrittliche Technik nicht, um Lebensmittel herzustellen, die einfach angebaut werden können und möglichst gesund sind. Stattdessen stellen sie Lebensmittel her, die uns dick und krank, aber aufgrund einer Mischung aus Zucker, Fett, Salz und anderen Geschmacksverstärkern auch süchtig machen.

Techniker und Ingenieure setzen ihre Fähigkeiten nicht ein, um Apparaturen zu reparieren und ihre Haltbarkeit zu verlängern. Sie konstruieren Autos, Elektrogeräte und Handys, die ein festgelegtes Ablaufdatum haben und ihre Besitzer dazu zwingen, regelmäßig neue Produkte zu kaufen. Neue Produkte bedeuten mehr Produktion und mehr Wachstum. Wenn eine Gesellschaft weit genug entwickelt ist, braucht sie keine Reparaturen mehr.

Überhaupt erzählt uns die Monsterwirtschaft, dass eines der großen Ziele einer entwickelten Gesellschaft die Bequemlichkeit sei. Zum Beispiel das Licht. Vor nicht allzu langer Zeit benutzten Menschen Streichhölzer, Docht und Öl, um Licht zu machen. Das war umständlich und ließ viele Menschen in Dunkelheit und Kälte zurück. Dann kam die Glühbirne und mit ihr der Lichtschalter. Ein fundamentaler Fortschritt. Licht war plötzlich in jedem Haushalt anzutreffen und verbesserte die Lebensqualität der Menschen enorm.

Doch die Monsterwirtschaft gibt sich niemals zufrieden. Sie braucht neue Geschäftsmodelle. IT-Konzerne erfanden *Smart Homes*, in denen ein Händeklatschen reicht, um die Glühbirne zu entfachen.

Aber diese Technik hat ihren Preis, der nicht nur in Euro, Dollar oder Bitcoins zu messen ist. Wir bezahlen mit unserer Privatsphäre und unseren Daten. Die Hersteller dieser Smart Homes speichern unermessliche Datenmengen über uns, die unsere Identitäten für sie verfügbar machen. Sie speichern sie in gigantischen Rechenzentren, in Serverfarmen, von denen viele so groß sind wie mehrere Fußballfelder. Noch dazu verbrauchen sie unfassbare Mengen an Energie und Wasser für ihre Kühlung.

Bereits 2018 kam es zu Protesten in der Bevölkerung, als *Google* für eines seiner Rechenzentren im Silicon Valley täglich fast 5,7 Millionen Liter Grundwasser entnehmen wollte. Die CO_2-Emissionen des IT-Riesen überstiegen bereits 2007 die Emissionen der gesamten Luftfahrtindustrie.

Die vergangenen Jahrzehnte und die globale Durchsetzung des Kapitalismus haben zweifelsohne auch einige Vorteile mit sich gebracht. Aber wie sehr berühren sie uns in unserem Innersten?

Die Ärztin und Psychotherapeutin Martina Leibovici-Mühlberger weist in ihrem Buch *Startklar* darauf hin, dass 38 Prozent der europäischen Bevölkerung irgendwann im Leben an einer klinisch relevanten psychischen Erkrankung leiden. Besonders in den reichsten Regionen der Erde ist der Bedarf an Psychopharmaka, die für eine angenehme seelische Dumpfheit und emotionale Leere sorgen, am größten.

Eine Studie des Wiener Allgemeinen Krankenhauses aus dem Jahr 2017 zeigt, dass sich ein Viertel der Kinder und Jugendlichen zwischen 10 und 18 Jahren psychisch krank fühlt. Sie sind aggressiv gegen sich selbst, fügen sich Verletzungen zu oder entwickeln Essstörungen. Sie werden depressiv, sind sozial isoliert oder süchtig nach Handy oder Internet. Alles ist ihnen zu schnell, zu viel und vor allem zu unerreichbar geworden.

Die Monsterwirtschaft bezeichnet Menschen, die unter diesem Druck wegbrechen, als »schwach« und verbucht sie als Kollateralschäden. Dabei sollten wir uns fragen: Sind nicht viel eher diejenigen krank, deren Körper und Geist sich gar nicht mehr gegen die unnatürliche Monsterwirtschaft und ihre Verpflichtungen wehren können? Und sind Depressionen, Apathie und Überforderung nicht die logischen Schutzmechanismen des Körpers gegen eine Welt, deren Gesetze ihn überlasten?

Die Monsterwirtschaft hat in den vergangenen Jahrzehnten einen explosiven Anstieg von Burn-Out-Fällen verursacht. Der Landarzt Günther Loewit erzählt in seinem Buch *7 Milliarden für nichts* davon, wie noch vor einigen Jahrzehnten viele Arbeitnehmer zu ihm kamen, um sich wegen kleiner Beschwerden krankschreiben zu lassen. Für die Menschen war es natürlich, sich einfach mal eine Auszeit zu nehmen. Loewit schreibt, wie es ihm damals widerstrebte, diese Krankenstände zu bescheinigen. Immerhin waren die Betroffenen gar nicht wirklich krank.

Doch mittlerweile hat sich die Situation verändert. Die Nachfrage nach solchen Krankenständen ist geschrumpft. Arbeitnehmer fürchten zu sehr um ihre Jobs, um sich das noch zu trauen. Immer mehr Menschen, die ihn besuchen, haben hingegen komplett aufgegeben. Die schickt er dann mit der Diagnose Burn-Out in die Psychotherapie. Arbeiten bis zum Umfallen ist heute das Gebot. Vielleicht hatten Arbeitnehmer ja damals recht, wenn sie sich ab und zu einfach krankmeldeten. Es klingt jedenfalls besser als eine Welt, in der Erholung zu einem teuren Konsumgut geworden ist.

Auch Unternehmen können ein Burn-Out erleben. Dieses Phänomen nennt sich »Organizational Burn-Out« und tritt ein, wenn in Büros der extreme Stress der Märkte zum Thema zwischen Mitarbeitern wird. Auch die Chefs und die Abteilungsleiter fragen sich dann plötzlich, was eigentlich der Sinn ihrer Arbeit ist. Die amerikanische Philosophin Susan Wolf schreibt:

Das Gefühl der Erfüllung ist wunderbar. In rein qualitativer Hinsicht ist es viel wertvoller als viele anderen Lustgefühle und es ist der Mühe wert, sehr viel Anstrengung darauf zu verwenden. Fehlt dieses Gefühl, verwandeln sich Unternehmer in seelenlose Zombies, die der Markt früher oder später verschluckt.

Der auf Organizational Burn-Out spezialisierte Unternehmensberater Gustav Greve schreibt dazu: »Die Dynamik eines Unternehmens geht bei einem Organizational Burn-Out verloren, denn das Management kann die wechselnden Strategien kaum noch erklären. Einerseits steigt der Anspruch von allen an alle, andererseits soll die Komplexität reduziert werden. Einerseits muss sich die Performance erhöhen, andererseits werden die Regulierung und das Risikomanagement immer schärfer. Am Ende steht man im Regen, wenn wirklich mal etwas schiefgeht. Kein Wunder, dass sich bei den Mitarbeitern mehr und mehr eine zynische Grundstimmung breit macht. Dann werden Leistungsfassaden gebaut und Engagement wird simuliert. Wirkliche Innovationen gibt es nicht mehr, jeder kämpft gegen jeden ums Überleben, innen wie außen.«

Wie die Monsterwirtschaft mit Zinsen die Welt verdreht

Nach der Finanzkrise 2008 und 2009 waren die Milliarden aus den Staatskassen nur eine Scheinlösung. Aus der Finanzkrise wurde eine Schuldenkrise. Die Rettung der Banken riss ein Schuldenloch in die Bilanzen der Staaten, das bis heute nicht gefüllt ist. Jedes Jahr wird es größer. Eigentlich ist die Monsterwirtschaft längst am Ende. Doch die Finanzmarktstrategen haben ein Mittel gefunden, um sie künstlich am Leben zu erhalten. Das Mittel heißt Niedrigzinspolitik.

Die Zentralbanken legen den sogenannten Leitzins fest, zu dem sich die Geschäftsbanken Geld leihen können. An diesem Zins orientieren sich die Banken auch bei ihrer Kreditvergabe, sowohl an Unternehmen als auch Privatmenschen.

Ist der Leitzins niedrig, können Unternehmer deshalb leichter expandieren und investieren. Müde Volkswirtschaften bekommen dadurch einen Wachstumsschub, glauben die Zentralbanken.

Kurzfristig mag das funktionieren. Doch auf Dauer gerät in einer Wirtschaft ohne Zinsen alles aus dem Lot.

Das beste Beispiel dafür ist Japan. Die Notenbank in Tokyo legte vor mehr als zwanzig Jahren eine Niedrigzinspolitik auf. Sie hat bis heute Bestand. Die Japaner kennen bisher keinen Weg, die Zinsen wieder anzuheben, ohne die Volkswirtschaft zu beschädigen.

Auf den ersten Blick sieht Japan toll aus. Ein anspruchsvoller Lebensstil, viele technische Innovationen und eine gute Infrastruktur. Doch das Wirtschaftswachstum stagniert seit vielen Jahren. Die Wirtschaft ist ungesund und nicht nachhaltig.

Wenn das Geld sprudelt, entstehen unbedachte Investitionen. Statt ihre Unternehmen nachhaltig zu erweitern, pumpen Unternehmer Geld in Vorhaben, die sie sich bei einem normalen Zinsniveau aus guten Gründen nicht geleistet hätten.

Die Notenbank fördert damit das sinnlose Aufblähen, das waghalsige Zocken und das skrupellose Geschäftsgebaren. Mittelständische Unternehmen hingegen, die mit Weitsicht, Ruhe und Vernunft agieren, sterben langsam aus. An ihnen hat die Monsterwirtschaft keinen Bedarf.

Dauerhaft niedrige Leitzinsen senken auch die Zinsen auf Spareinlagen oder Termingelder, etwa für die Altersvorsorge. Menschen, die ihr weniges Erspartes jeden Monat zur Bank bringen, verlieren dadurch bares Geld. Mittlerweile erheben Banken in einigen Ländern sogar Negativzinsen. Wer dann einen Kredit in Anspruch nimmt, bekommt einen Zins ausgezahlt. Wer hingegen Geld auf seinem Sparbuch hat, ist am Ende des Jahres einen Teil davon los. Die Niedrigzinspolitik belohnt Schuldner und enteignet Sparer. Geld wird weniger wert, um eine Wirtschaft am Leben zu erhalten, die diese Probleme überhaupt erst verursacht hat. Es ist eine verdrehte, eine perverse Welt.

Das größte Opfer der Niedrigzinspolitik ist die Mittelschicht. Privatanleger, deren Geld auf dem Bankkonto schrumpft, suchen verzweifelt nach alternativen Anlageformen. Sie investieren am liebsten in etwas, von dem sie glauben, dass es niemals seinen Wert verlieren wird. Zum Beispiel in Immobilien.

Deshalb steigt in Zeiten der Niedrigzinsen die Nachfrage nach Immobilien. Die Preise schießen in die Höhe. In deutschen Städten haben sich Immobilienpreise teilweise um fünfzig bis siebzig Prozent vom Durchschnittseinkommen entkoppelt.

So können sich bald nur noch die Reichen Wohnraum leisten. Sie werden immer reicher, während die Mittelschicht bei ihnen zur Miete wohnt. Der neoliberale Investmentbanker Gerald Hörhan schreibt in seinem Buch *Der stille Raub*, dass die Monsterwirtschaft nach einem einfachen, aber rücksichtslosen Prinzip funktioniert: *The winner takes it all.*

Schon heute verlieren viele Menschen so den Antrieb und den Sinn. Sie bemerken, dass sie in einem System arbeiten, in dem es für sie nichts mehr zu gewinnen gibt. Sie stehen frühmorgens auf, um einer Arbeit nachzugehen, die sie wenig interessiert und die zur Zerstörung des Planeten beiträgt. Sie sind getrieben von der Angst, ihren Job zu verlieren. Andere Ziele haben sie nicht.

Zu den Problemen der Niedrigzinspolitik gehört auch, dass die Zentralbanken ihre Handlungsmöglichkeiten weitgehend ausgeschöpft haben. Was sollen sie bei der nächsten Krise tun, wenn der Leitzins zur Justierung der Volkswirtschaft wegfällt? Der Leitzins kann noch tiefer getrieben oder sogenanntes Helikoptergeld verteilt werden. Dann bekommen die Menschen Geldgeschenke, mit denen sie bestenfalls konsumieren und so die Wirtschaft ankurbeln.

Das größte Problem der Nullzinspolitik ist nicht, dass sie ein kaputtes Wirtschaftssystem am Leben hält. Das größte Problem ist, dass sie eine bessere und neuere Wirtschaft systematisch verhindert.

Die Verlockungen der Monsterwirtschaft

Warum folgen der Monsterwirtschaft noch immer so viele Menschen, wenn ihre schrecklichen Folgen immer offensichtlicher werden? Ganz einfach. Ihre Versprechen sind verlockend. Ihr Scheinangebot ist Geld, Selbstverwirklichung und Freiheit.

Nehmen wir zum Beispiel einen jungen Schuster, der in einer Gegend lebt, in der es oft regnet. Zum Beispiel in den schottischen Highlands. Der Schuster entwickelt ein Schuhmodell, das besonders wasserdicht und angenehm zu tragen ist. An seinem Produkt besteht großes Interesse. Das Modell wird ein Verkaufserfolg.

Der Schuster betreibt seinen Beruf mit Leidenschaft. Für ihn gibt es nichts Beruhigenderes, als sich in seine Werkstatt zurückzuziehen. Er denkt dort über neue Konzepte nach, probiert Materialien aus und macht sich mit Hammer und Zange ans Werk. Sein Geschäft entwickelt sich gut. Der Schuster kann zwei Mitarbeiter einstellen, die den Tag über an der Kasse stehen und ihm den Rücken freihalten, sodass er sich voll auf sein Handwerk konzentrieren kann. Der Erfolg spricht sich herum. Die Kunden nehmen lange Anreisen in Kauf, um die Schuhe zu kaufen. Selbst Touristen finden den Weg in seinen kleinen Laden.

Eines Tages kommt ein Mann in den Laden. Er trägt einen maßgeschneiderten Anzug und polierte Schuhe. Dem Schuster stellt er sich als Manager aus der Großstadt vor. Er sagt dem Schuster, dass mit seinem Geschäftsmodell etwas nicht stimmt.

»Du warst bisher nicht dumm«, sagt er, »aber klug warst du auch nicht. Deine Modelle haben hohe Qualität. Aber du verkaufst viel zu wenig Schuhe. Dein Produkt ist so gut, es sollte viel bekannter sein. Sieh dich um. Wenn du mehr Schuhe verkaufst, könntest du ein größeres Geschäft haben. Und in Edinburgh auch eines aufmachen, und dann vielleicht eines in London. Du könntest expandieren, mehr Mitarbeiter einstellen, mehr Modelle anbieten und in einem größeren Haus wohnen, ein schickeres Auto fahren und reisen, wann immer und wohin du willst.«

Der Schuster denkt nach. Eigentlich ist er mit seinem kleinen Haus am Rande des Ortes zufrieden. Er pflegt seinen Kräutergarten und verrichtet die meisten Arbeiten am Haus selbst. Andererseits würde eine zweite Immobilie nicht schaden. Haben nicht viele seiner Bekannten in letzter Zeit Wohnungen gekauft? Ein Auto braucht er eigentlich keines, er fährt meist mit dem Rad. Aber manchmal, wenn es kalt ist oder regnet, wäre ein Auto nicht schlecht. »Was schlägst du vor?«, fragt der Schuster, zunächst nur aus Neugierde.

»Die Sache ist eigentlich idiotensicher«, sagt der Mann, »ich habe Kapital. Mit dem kannst du arbeiten. Dafür kaufe ich mich in dein Unternehmen ein und erhalte auch etwas von den Profiten. Am Ende verdienst du viel mehr als jetzt und ich verdiene auch etwas. Ist doch fair, oder? Gemeinsam können wir deine Schuhe groß machen.«

Wenn etwas einfach ist, denkt der Schuster, dann gibt es meistens einen Haken. Das hat er in seinem eigenen Handwerk oft erlebt. Aber wo sollte hier der Haken sein? Die Verlockungen des Geldes sind groß. Er könnte neue Maschinen anschaffen, eine größere Werkstatt mieten, neue Schuhkonzepte realisieren. Und am Ende würden alle mehr Geld machen. Was wäre daran schon schlimm?

Der Mann fügt hinzu: »Du kannst mein Angebot ausschlagen, aber dann wird es ein anderer annehmen. Und dann kommen vielleicht bald gar keine Kunden mehr in den Laden. Dann kannst du dichtmachen.« Der Schuster ist überzeugt.

In den nächsten Wochen orchestriert der Mann Analysten, Berater und Experten in den Schuhladen. Sie wollen an die Personalkosten ran und die teuren Experimente des Schusters in seiner Werkstatt beenden. Auch die Fantasie von Nachhaltigkeit muss unter dem Effizienzdruck leiden. Will der Schuster der einzige sein, der für ökologische Transportrouten und nachhaltige Produkte unnötiges Geld ausgibt?

Mit der Zeit willigt der Schuster in alle Vorschläge des Managers und seiner Mannschaft ein. Er denkt: Früher habe ich vor allem Schuhe gemacht. Von Wirtschaft verstehe ich nicht viel. Die Experten kommen mir nur gelegen. Rendite, Effizienz und Synergien bestimmen fortan sein Leben.

Mit der Zeit fragt sich der Schuster, wie sein Geschäft ohne Businessplan und Revenue Stream, ohne Unique Selling Point und Social Media-Kanäle funktioniert hat.

Nach etwas mehr als einem Jahr hat der Schuster qualifiziertes Personal abgebaut, seine Produktionsprozesse automatisiert und fünf weitere Filialen eröffnet. Das Wachstum muss weitergehen, hat ihm der Manager geraten. Gewinner sind nie zufrieden, lautet die Devise. Das Unternehmen wächst weiter, die Umsätze steigen.

Doch die Innovationen bleiben aus. Seit seinem Verkaufsschlager, dem wasserdichten Schuh, ist dem Schuster kein neues Produkt mehr eingefallen. Er hat keine neuen Modelle entwickelt oder mit neuen Formen experimentiert. Er berät keine alteingesessenen Wanderer mehr, die um die Wertigkeit eines guten Schuhs wissen. Seine neuen Kunden sind hippe, junge Leuten mit gutem Einkommen, die Schuhe fast so schnell wechseln wie ihre Unterhose.

Der Schuster weiß nicht mehr, wer seine Schuhe fertigt und woher das Material für seine Produkte kommt. Er will es auch gar nicht mehr so genau wissen. Denn der Erfolg gibt ihm recht.

Doch das Wachstum ist nicht nachhaltig. Bald ist sein Unternehmen ausgequetscht und die Renditen sinken. Expansion, Effizienz und Sparmaßnahmen können den Verfall nicht aufhalten. Der Manager verkauft das Unternehmen an eine große Schuh-Kette. Der Schuster erhält eine Abfindung und verlässt das Unternehmen. Es beginnt zu taumeln.

Das Beispiel des Schusters gibt es vielfach in der Realität. Die Monsterwirtschaft frisst Kreativität und Visionen auf. Hat sie sich einmal auf ein Unternehmen gestürzt, lässt sie seelenlose Hüllen zurück.

Wie ein Schuster, der keiner ist, die Monsterwirtschaft besiegte

Die Monsterwirtschaft ist besiegbar, das hat ein Schuster bewiesen, der eigentlich keiner ist. Der Mann heißt Heini Staudinger und stellt seit Jahrzehnten Schuhe her. Im Waldviertel, einer abgelegenen Region im Nordosten Österreichs, setzt er auf hochwertige Verarbeitung und Qualität der Materialien.

Damit ist er in seiner Branche eine Ausnahme. Die meisten seiner Konkurrenten verkaufen Schuhe in Billigläden, die unter menschenunwürdigen Arbeitsbedingungen und ohne Umweltauflagen in Asien oder Afrika zu Spottpreisen produziert werden. Bei Staudinger hingegen findet der gesamte Herstellungsprozess im eigenen Haus statt. Ist ein Schuh fertig, vertreibt er ihn über eigene Geschäfte in Österreich und Deutschland. Es gibt keine Zwischenhändler, jeder Produktionsschritt ist genau bekannt. Seine Kunden profitieren von einem einzigartigen Service, die Schuhe nach Gebrauch reparieren und neu besohlen zu lassen. Staudingers Schuhe sollen die Menschen schließlich lange begleiten.

Seit er die *Waldviertler Schuhwerkstatt* 1984 gründete, entwickelten sich Staudingers Geschäfte gut. Das Unternehmen wuchs langsam und gesund. Die Erlöse aus seinen Schuhverkäufen reinvestierte er in die Weiterentwicklung des Unternehmens und seiner Ideen.

Dabei folgte er stets drei Grundsätzen. Habe keine Angst, etwas zu versuchen. Wäge deine Entscheidungen klug ab. Orientiere dich an der Liebe! An der Liebe zu den Mitmenschen und zur Umwelt.

Sein Warenlager finanzierte Staudinger jeweils mit Krediten der lokalen Sparkasse, die er stets pünktlich zurückzahlte. Während der Finanzkrise 2008 und 2009 wollte ihm diese Sparkasse dann keinen Kredit mehr geben. Plötzlich fehlte das Geld, um Leder einzukaufen. Trotz der positiven Entwicklung seines Unternehmens stand er vor dem Aus.

Staudinger versuchte es bei anderen Banken. Alle sagten ihm ab.

Was also sollte Staudinger tun? Er verzichtete auf die Hilfe von Banken oder anderen Kreditinstituten und berichtete Freunden und Kunden von seiner Not. Sie kannten Staudinger, sein Unternehmen und seine drei Grundsätze. Staudinger bekam Hilfe.

Privatleute gaben dem Geschäftsmann Geld und bekamen im Gegenzug Gutscheine. Immer mehr Menschen wollten mitmachen. Staudinger konnte Leder kaufen und wieder Schuhe herstellen.

Doch die Monsterwirtschaft stellte sich ihm erneut in den Weg. Diesmal in Form von Wirtschaftsgesetzen, die sich über Jahrzehnte an den Bedürfnissen der Monsterwirtschaft orientiert hatten. Die Finanzmarktaufsicht wollte Staudingers alternative Finanzierung verhindern. Die Behörden fürchteten, Staudinger könne sich ohne Bankenkredite der Finanzaufsicht entziehen. Der Vorwurf lautete, dass Staudinger selbst das Geschäft einer Bank betreibe und dafür eine Banklizenz benötige.

Daraufhin brach ein Rechtsstreit aus. Staudinger wurde zu einer ersten Strafe in Höhe von 2.000 Euro verurteilt, deren Zahlung er verweigerte. Er ließe sich lieber einsperren, sagte er. Mit seinen Protesten, die viel Aufmerksamkeit bekamen, hatte er Erfolg. Sein Fall war der Anlass für ein Crowdfunding-Gesetz, das die Finanzierung eines

Unternehmens aus seinem eigenen Wirtschaftsumfeld ermöglicht.

Der Fall Heini Staudinger nahm ein glückliches Ende. Doch wie viele gute, sinnvolle und qualitätsvolle Firmen, wie viele erfolgversprechende Ideen ohne die nötige Aufmerksamkeit, verschwinden im Rachen des Monsters? Wie viel kreatives Potential, wie viele nachhaltige Alternativen zum gegenwärtigen Wirtschaftssystem, verschwinden, bevor sie überhaupt starten?

Die nächste Krise dieses hypertrophen Systems ist bereits angebrochen, seit das Coronavirus die Weltwirtschaft lahmgelegt hat. Wie schwer ihre Folgen sein werden, ist im Sommer 2020, während wir dieses Buch schreiben, noch nicht abzusehen. Fest steht, dass das System irgendwann explodieren, implodieren oder einfach verschwinden wird. Wie sehen die Alternativen aus, die es angeblich gar nicht gibt?

DAS ENDE DER MONSTERWIRTSCHAFT

»Die alte Welt liegt im Sterben, die neue ist noch nicht geboren. Es ist die Zeit der Monster«, diese Sätze schrieb der italienische Schriftsteller, Politiker und Philosoph Antonio Gramsci 1926 in seine *Gefängnishefte*. Italienische Faschisten hatten ihn aufgrund seiner anhaltenden Kritik an dem System des Diktators Mussolini hinter Gitter gebracht. Er hatte aus nächster Nähe miterlebt, wie sich in der sogenannten Zwischenkriegszeit von 1918 bis 1939 die Welt, wie er sie kannte, völlig auflöste.

Nach dem Ende des Ersten Weltkriegs sollten Börsenspekulationen zum bislang folgenschwersten Börsencrash der Geschichte führen. Am 24. Oktober 1929 brach in Amerika die Wirtschaft zusammen. Der Tag ging als schwarzer Donnerstag in die Geschichte ein und mündete in der Großen Depression, der schwersten Wirtschaftskrise des 19. und 20. Jahrhunderts. In Europa wurde insbesondere Deutschland hart von der Krise getroffen, da es sich noch nicht von den Folgen des Ersten Weltkriegs erholt hatte.

Die Auswirkungen sind bekannt. Unzufriedene und arbeitslose »Wutbürger« wandten sich zunehmend einer neuen Bewegung zu. Diese schrieb sich nicht nur antisemitische, rassistische und menschenverachtende Parolen auf die Fahnen, sondern versprach auch, Finanzspekulationen zu beenden. Sie bekannte sich zur Überlegenheit der eigenen Nation und den Verlierern der Großen Depression. Die

Rede ist von der Nationalsozialistischen Deutschen Arbeiterpartei, kurz NSDAP.

Wähler, die sich nicht von den rassistischen und antisemitischen Parolen der NSDAP angezogen fühlten, ließen sich von dem Versprechen der Partei, neue Arbeitsplätze zu schaffen, überzeugen. Der Rest ist das vielleicht größte menschliche Versagen aller Zeiten. Wir dürfen gerade deswegen nie vergessen, dass am Anfang des Nationalsozialismus und seiner Gräuel eine Wirtschaftskrise stand.

Die Weltkriege liegen schon lange zurück und Europa hat eine Phase ungekannten Friedens und Wohlstands erlebt. Doch es ist ein trügerischer Frieden. Zu selbstverständlich wirken heute die Mechanismen der Monsterwirtschaft für uns. Wer jedoch genau hinsieht, merkt, dass die Welt, die wir bisher kannten, trotz allen Versuchen, sie künstlich am Leben zu erhalten, langsam stirbt.

Ihre Totengräber sind bekannt. Neben der hypertrophen Finanzwirtschaft sind es auch multinationale Konzerne, deren Jahresumsatz jenseits des Bruttoinlandsprodukts von Staaten mittlerer Größe liegt.

Wie konnte es so weit kommen?

Experten und Wissenschaftler warnen schon seit Jahrzehnten. Die Monsterwirtschaft zerstört den Planeten und spaltet die Gesellschaft in wenige, die viel haben und viele, die wenig haben. Sie steuert auf einen gewaltigen Kollaps zu. Obwohl die Hinweise, dass diese Warnungen ernstzunehmen sind, immer weiter zunehmen, ignorieren Profiteure der Monsterwirtschaft diese schon ebenso lange.

Darauf ist es zurückzuführen, dass wir in eine Phase der Geschichte eingetreten sind, in der die Zukunft düster wirkt. Gespenster aus der Vergangenheit treiben in neuem Gewand ihr Unwesen, begleitet von der immer größer werdenden Bedrohung des Klimawandels.

Die Grenzen des Wachstums

Eine Gruppe dieser Experten und Wissenschaftler gründete 1968 den *Club of Rome*, eine gemeinnützige Organisation mit Sitz in der Schweiz, die sich für eine nachhaltige Zukunft einsetzt. Im Jahr 1972 gaben sie eine Studie in Auftrag, die sich mit der Frage befasste, wie die Zukunft der Menschheit aussehen würde. Die Prämisse lautete, dass sich nichts an den Gewohnheiten der Menschen und der Produktionsweise der Wirtschaft verändern würde. Studienautoren waren Wissenschaftler des *Massachusetts Institute of Technology*, kurz *MIT*, eines der renommiertesten Forschungsinstitute der Welt. Der Titel dieser Studie lautete »Die Grenzen des Wachstums« und war so einflussreich, dass sie als Buch erschien, das sich bis heute rund 30 Millionen verkaufte.

Der *Club of Rome* befasste sich mit allen drängenden Fragen von damals wie heute. Etwa mit dem explodierenden Bevölkerungswachstum, dem Ressourcenverbrauch, der ausufernden Nahrungsmittelproduktion, dem Massenaussterben von Arten und Migrationswellen, ausgelöst durch Kriege, Armut und Klimawandel. »Geht es weiter wie bisher«, schrieben Wissenschaftler in dieser Studie vor mehr als dreißig Jahren, »ist das System der Erde nicht aufrechtzuerhalten.« Sie waren sich sicher, dass es bis zum Jahr 2100 zu einem humanen und globalen Kollaps kommen wird.

Die Wirkung der Studie beruhte vor allem darauf, dass zum ersten Mal wissenschaftlich bewiesen wurde, was bis dahin als Fantasie einiger Weltverbesserer gegolten hatte. Wachstum hat Grenzen und zerstört unseren Planeten. Die einzige Frage, die wir uns nach der Lektüre stellen können, lautet, ob das Jahr 2100 als Ende des Systems Mensch zu optimistisch eingeschätzt war.

Die drohende Klimakatastrophe, die gefährdete Demokratie, Narzissmus, der den Humanismus ablöst, aufblühender Nationalismus, immer stärker verschuldete Unternehmen und eine wachsende Zahl von Menschen, die mehr als einen Job zum Überleben brauchen. Das alles sind Folgen des Wachstums um jeden Preis.

Was sagen die Wachstumsdogmatiker dazu? Noch nie sei es möglich gewesen, so viele Menschen aus der Armut zu befreien, hätten so viele Menschen zumindest die Grundschule besucht, könnten lesen und schreiben und sei die Säuglings- und Kindersterblichkeit so gering gewesen, behaupten sie. All diese Aussagen entsprechen der Wahrheit. Es stimmt sogar, dass all diese Erfolge mit dem Wirtschaftswachstum zusammenhängen. Allerdings hängen sie nicht mit dem Wirtschaftswachstum im Westen zusammen, sondern mit dem in den Ländern der sogenannten Dritten Welt.

2017 hielt der damalige Generalsekretär des *Club of Rome,* der Ökonom Graeme Maxton, eine Rede zu diesem Sachverhalt in der Österreichischen Nationalbibliothek. »Eine entwickelte Welt, wie sie vor allem im Westen zu finden ist, braucht kein Wachstum mehr«, sagte er. Die Länder der Dritten Welt und die Schwellenländer, in denen ein Großteil der armen Menschen heute lebt, sind hingegen auf ihn angewiesen. Von dort kommen auch die Daten, die globale Statistiken über Menschen in Armut, Schulbildung von Kindern oder Säuglings- und Kindersterblichkeit verbessern.

Wirtschaftswachstum in den westlichen Ländern hingegen steigert kaum noch den Wohlstand. »Viel stärker als der Wohlstand ist in den vergangenen Jahren die Erschöpfung gewachsen«, schrieb etwa der deutsche Journalist Wolfgang Uchatius im Jahr 2013 in einem »Plädoyer für einen bescheideneren Kapitalismus« in der deutschen Wochenzeitung *Die Zeit.* »Selbst das Wasser zeigt schon Spuren der Müdigkeit. In Flüssen und Seen sammeln sich die Reste der Antidepressiva, die jenen Menschen verschrieben werden, die dem Druck der Arbeitswelt nicht mehr standhalten. Früher hätten sie vielleicht an etwas gedacht, das ihnen fehlt und das sie sich dank der Schufterei bald kaufen können. Sie hätten durchgehalten. Heute fehlt vielen das materielle Ziel.« Andere Ziele als materielle hat eine auf Wirtschaftswachstum programmierte Welt kaum zu bieten.

Genau jetzt könnte sich das ändern. Die Folgen der Corona-Pandemie könnten unserem Wirtschaftssystem großen

Schaden zufügen. In dieser Krisensituation gibt ausgerechnet ein Satz des liberalen Vordenkers Milton Friedman, der jede Regulierung des Finanzmarktes als Verletzung eines Menschenrechts sah, Hoffnung. »Nur eine Krise«, sagte er, »tatsächlich oder eingebildet, produziert echte Veränderung.«

Milton hat noch mehr zu Krisensituationen beizutragen. »Wenn sie da ist, greift man jene Ideen auf, die herumliegen.«

Friedman, der unabhängig von seinen aus heutiger Sicht destruktiven Thesen ein kluger Beobachter war, tätigte seine Aussage Anfang der 1980er-Jahre. Zu diesem Zeitpunkt blühte der Neoliberalismus gerade erst so richtig auf und der Kapitalismus schien zu einem unangefochtenen Siegeszug anzusetzen. In der heutigen Zeit haben seine Worte jedoch eine andere Bedeutung und richten sich scheinbar gegen seine eigenen Überzeugungen. Die Ideen, die jetzt herumliegen und vielleicht endlich ihre Chance bekommen, sind dazu gedacht, den für die Menschheit gefährlich gewordenen Neoliberalismus abzulösen.

DIE KREISLÄUFE DER NATUR

Von Johannes Gutmann

Ich lernte in den vergangenen Jahrzehnten, dass der Sinn von etwas, auch der Sinn unseres Lebens, meistens direkt vor unserer Nase liegt. Er liegt so nahe, dass wir ihn gerade deshalb nicht erkennen. Sinn ist nicht etwas, das jemand anderer an einem fernen Ort für uns bereithält. Sinn entsteht in uns und lässt sich um uns finden. Wir können gar nicht glauben, dass es so einfach ist. Er muss doch irgendwo versteckt sein, denken wir. Wir müssen zumindest ein paar Hindernisse überwinden und ein paar Kämpfe gewinnen, ehe er uns klar wird. Dann strampeln wir uns auf der Suche danach ab und übersehen dabei das Offensichtliche. Ich jedenfalls brauchte eine ganze Weile, ehe ich verstand, dass mir der Sinn meines Lebens schon in die Wiege gelegt worden war.

Ich wuchs auf einem kleinen Bauernhof im Waldviertel auf. Das Waldviertel ist vor allem durch das Weltkultur- und Weltnaturerbe Wachau mit den Orten Krems und Dürnstein bekannt. Touristen fahren dort gerne in Bussen und Schiffen von einem Aussichtspunkt zum nächsten. Doch es gibt auch ein anderes Waldviertel. Ein urtümliches, mit tiefen Wäldern, weiten Wiesen und rauem Granit und Gneis. Aus diesem Zusammenspiel ergab sich eine einmalige Vielfalt an Fauna und Flora und Kräutern, die auf den Wiesen unseres Bauernhofs wuchsen.

Ich war immer ein Naturmensch, wollte aber nie Bauer werden. Das sagte ich auch meinem Vater. Nach meinem HAK-Schulabschluss wollte ich eigene Wege gehen. Mein Vater warnte mich damals. Menschen müssten immer essen und trinken, weshalb an Bauern immer Bedarf sein würde. Ich sah das jedoch anders. Immer mehr Bauern legten Monokulturen an und setzten auf problematische Chemikalien. Außerdem waren sie von staatlichen Förderungen abhängig. Das hieß, dass ich es als Bauer immerzu mit Beamten zu tun haben würde. Das war nichts für mich. Inzwischen weiß ich auch, warum. Menschen, die staatliche Bürokratie verinnerlicht haben, wissen meistens nur, wie und warum etwas nicht geht. Wie und warum etwas funktionieren könnte, darüber brauchen sie nicht nachzudenken.

Nach vier Jahren Unselbständigkeit wurde mir bewusst, dass ich mich in der Arbeitswelt nicht wohlfühlte. Ich arbeitete unter anderem in einer Bierbrauerei und in einem Tourismusbüro. Überall waren die Hierarchien stark ausgeprägt, die Chefs verbuchten Erfolge allein für sich und wir, das niedrige Volk, durften höchstens auf ein Schulterklopfen oder ein anerkennendes Nicken hoffen. Außerdem fühlten sich diese Betriebe durch neue Ideen immer bloß gestört. Statt die Tür des Hamsterkäfigs zu öffnen und einen Blick nach draußen zu werfen, drehten sie das Hamsterrad immer schneller und hofften, dass der Hamster nicht an Herzversagen sterben würde. Mit den immer gleichen Methoden immer mehr Profit zu machen, das war der Plan.

In meinem letzten Job hatte ich mit Bauern aus dem Waldviertel zu tun. Die Firma, bei der ich gelandet war, verkaufte Sonderkulturen wie Mohn, Kräuter und Gewürze. Hier lernte ich auch den Unterschied zwischen Bio und Nicht-Bio kennen. Der ist, wie ich heute ebenfalls weiß, ziemlich groß. In den Gesprächen mit den Bio-Bauern hörte ich auch zum ersten Mal jenes Wort, das meinem Leben letztlich Sinn gab: Kreislaufwirtschaft. Die Bio-Bauern dachten in Kreisläufen, weil die Natur in Kreisläufen funktioniert.

Das Wort klingt sperrig, doch es beschreibt etwas Wunderschönes. In der Natur kehrt alles wieder. Die Jahreszeiten, Ebbe und Flut, Tag und Nacht. Nichts geht verloren, alles wird wiederverwertet. Die Ausscheidungen von Tieren sind natürlicher Dünger, Regen entsteht durch den Wechsel von Wärme und Kälte, und auch der Mensch verwandelt sich wieder in fruchtbare Erde, wenn er einmal stirbt.

Die Zerstörung unseres Planeten basiert darauf, dass wir diesen Kreislauf ständig unterbrechen. Wir werfen Dinge weg, bevor sie ihr natürliches Verfallsdatum erreicht haben und produzieren damit zu viel Müll. Wir spritzen giftige Substanzen, damit unsere Nahrungsmittel schneller wachsen und größer werden. Dabei machen wir fruchtbare Böden langfristig zu dürren Steppen. Wir geben der Natur keine Zeit mehr, sich zu erholen, wodurch sich alles verändert. Niederschläge bleiben aus oder sind plötzlich zu stark, der Sommer kommt zunächst gar nicht und dann mit einer wüstenähnlichen

Hitzewelle, das Eis der Polarregionen kann mit so viel Sonnenlicht und Wärme nicht umgehen und schmilzt zu schnell weg.

Die Kreislaufwirtschaft ist eine Möglichkeit, das alles zu verhindern. Für die Bio-Bauern im Waldviertel bedeutete sie, nichts wegzuwerfen, sondern alles wiederzuverwenden, der Natur Zeit zu geben, damit sie auf gesunde Weise unsere Nahrung produzieren kann, und nicht mehr zu verbrauchen, als da ist.

Als ich sah, wie die Bauern diese Ideen umsetzten, wusste ich, dass ich so auch arbeiten will. Aber womit genau und wie, was sollte ich produzieren oder verkaufen?

Wenn heute jemand einen Geschäftstipp von mir will, rate ich ihm: Schau, was vor deiner Haustür ist, fang damit an. Ich tat das allerdings selbst lange nicht. Als ich schließlich so weit war, fiel mein Blick auf die Urgesteinsböden des Waldviertels mit ihren fünfzehn oder zwanzig Zentimeter dicken Humusschichten. Und auf die Vielzahl der Kräuter, die darauf wuchsen. Egal ob Pfefferminz, Salbei oder Zitronenmelisse, ich musste nur einmal über eine Wiese oder durch einen Wald gehen und schon war ein Korb voll damit. Hier wuchsen auch Kräuter, die sonst nirgends vorkamen.

Es war ein Rätsel für mich, dass noch niemand auf die Idee gekommen war, diesen Reichtum der Natur zu nutzen. Selbst die Bauern hatten sich bis dahin nicht um die Kräuter gekümmert. Sie galten bei ihnen als eine Art Unkraut, das für Apotheker und Ärzte da war, nicht aber für sie. Ich stand damit vor einem Wunder, das auf mich gewartet zu haben schien und wollte etwas daraus machen.

Statt einer Teemischung gegen Depressionen, kreierte ich den *Gute Laune Tee*. Den positiven Nutzen aufzuzeigen, war mein Schlüssel zum Erfolg. Zunächst belächelten mich alle. Bio war damals noch etwas für »Alternative«. Heute ist ein Bio-Gütesiegel fast schon Pflicht. Doch 1988, als ich anfing, galten Bio-Kräuter noch als Schnapsidee. Trotzdem fuhr ich damit von einem Biomarkt zum nächsten und die Menschen erinnerten sich an mich, wenn sie mich wiedersahen. Was nicht nur an meinen Markenzeichen lag, einer roten Brille und einer Lederhose, die ich beide immer trug. Es lag auch an den Geschichten, die ich erzählte.

Wer ein Produkt verkauft, kann es auf zwei Arten tun. Entweder er drückt den Preis ins Bodenlose, indem er Menschen zu wenig bezahlt, die Qualität vernachlässigt und die Schäden an der Umwelt in Kauf nimmt. Er findet Kunden, und zwar alle, die nur auf den Preis achten und nehmen, was am billigsten ist. Oder er erzählt die Geschichte seines Produkts, die in meinem Fall von Fairness und Umwelt handelt, und schafft so Vertrauen.

In Supermärkten funktioniert Reden nicht. Da gibt es niemanden, der etwas über die Produkte in den Regalen weiß. Im Online-Handel ist es noch schlimmer. Dort kaufen wir bei Maschinen ein. Märkte bieten jedoch diese Gelegenheit. Ich konnte meine Arbeitsweise und die Vorteile meiner Produkte erklären. Wo kommen sie her? Wie produzieren wir sie? Was ist drin? Warum sind sie besser als das, was viel billiger in einem Supermarktregal zu finden ist? Die Menschen fingen an, meinen Kräutern zu vertrauen. Vertrauen ist ein Wert, denn jeder Mensch will dem vertrauen können, was er zu sich nimmt. Ich kann sagen, dass ich keine einzige wirtschaftliche Krise hatte, seit ich als Unternehmer konsequent dem folgte, was ich als Sinn meines Lebens erkannt hatte.

1992 kaufte ich einen Bauernhof und baute ihn zur ersten Zentrale meines Unternehmens um. Ich nannte es *Sonnentor*. Von jetzt an verkaufte ich ab Hof, damit meine Kunden noch besser sehen konnten, woher unsere Kräuter kamen. Mit der Zeit entstand daraus ein richtiger Tourismusbetrieb. Unsere Besucher erleben, wie energieeffiziente, klimaneutrale und nachhaltige Kreislaufwirtschaft funktioniert.

Alle Furchen, die wir in den Boden schlagen, um Kräuter anzupflanzen, wachsen auf natürlichem Weg wieder zu. Der Mensch nimmt nicht, sondern die Natur gibt, das wurde eine unserer zentralen Botschaften. Sie zieht sich durch mein ganzes Leben. Ich weiß, dass ich nichts mitnehmen kann, wenn ich einmal gehe. Aber was ich zurücklasse, soll durch mich nicht schlechter geworden sein. Das gehört auch zum Sinn meines Lebens.

2002 eröffnete ich in Zwettl, einer kleinen Stadt im Zentrum des Waldviertels, einen Bioladen. Ich verkaufte dort auch Milch, Käse, Tofu, Gemüse und alles Mögliche andere. Dann wurde mir klar, dass ich mich besser auf das konzentrierte, was ich als Sinn der Sache erkannt hatte. Gemeinsam mit meiner Frau nahm ich in Krems, einer größeren niederösterreichischen Stadt, unseren ersten Sonnentor Laden in Betrieb. Wir verkauften dort nur unsere Sonnentor-Produkte, ohne Milch, Käse, Tofu, Gemüse...

Mittlerweile entstanden mithilfe von FranchisepartnerInnen mehr als dreißig derartige Läden in Österreich, Deutschland und Tschechien. Das Fundament des Unternehmens, das inzwischen über 900 Produkte im Sortiment hat, bilden nach wie vor die Bio-Bauern des Waldviertels und aus ganz Österreich. Davon erzählt auch unser Logo, eine lachende Sonne. Diese Sonne haben nicht wir erfunden, sie ist ein altes Freiheitssymbol auf den Bauernhöfen. Wer durch das Waldviertel fährt und bei einigen Höfen Halt macht, entdeckt es an Scheunen oder über Türen. Die Sonne mit den vierundzwanzig Strahlen, eine für jede Stunde des Tages, steht für die Unabhängigkeit und Freiheit der Bauern.

Als ich damals mit Sonnentor anfing, erklärte ich meinem Vater, was ich vorhatte. »Schau«, sagte ich zu ihm, »ich bin zwar kein Bauer, aber ich weiß, wie Bauern arbeiten. Ich möchte den Bauern helfen, Arbeitsplätze schaffen und dabei etwas Sinnvolles produzieren. Ich möchte zusammen mit den Bauern etwas für die Zukunft aufbauen, damit sie unabhängig von staatlichen Förderungen werden.«

Meine Eltern verstanden das und unterstützen mich tatkräftig. Sie halfen beim Verpacken und sie waren die ersten, die Bio-Muskatnüsse per Hand etikettierten. Mittlerweile schließt die Sonnentor-Idee nicht mehr nur lokale

Waldviertler Bauern ein, sondern Bio-Bauern aus der ganzen Welt, in Albanien zum Beispiel, im Kosovo, in Spanien, in Tansania oder in Nicaragua. Wir folgen auch dort immer den Prinzipien des Kreislaufs, also der Nachhaltigkeit und der Fairness.

Das alles entspricht unserer Vorstellung von Gemeinwohl, also der messbaren Nachhaltigkeit, die wir im ganzen Unternehmen umsetzen. Damit gehen einige ganz bewusste Entscheidungen einher. Wir fragen nicht nach der Leistung, die ein Angestellter für uns erbringt, sondern danach, wie sehr ihn die Arbeit bei uns erfüllen kann. Wir wollen nicht alles für einige wenige, sondern genug für jeden und wir betrachten die Natur nicht als Ressource, sondern als Partner.

Von den Bio-Bauern habe ich gelernt, dass wir alles, was wir machen, in und mit der Natur tun. Wenn Unternehmensberater ständig von verbesserten Produktionsbedingungen sprechen, bedeutet das meistens, Menschen durch effiziente Maschinen zu ersetzen, um damit Kosten zu senken. Dabei vergessen sie, dass die einzig relevante Produktionsbedingung die Natur ist. Ohne eine gesunde Natur können wir auf Dauer nichts produzieren, nichts erschaffen und nichts hervorbringen. Jede Profitmaximierung, die auf Kosten der Natur geht, ist daher nur vorübergehend eine Ersparnis. Auf längere Sicht bezahlen wir alle dafür, und zwar teuer.

Zu arbeiten, ohne die Natur auszubeuten, macht Produkte nicht nur besser und gesünder, sondern auch teurer. Der

Preis, den wir verlangen, ist der, den es kostet, im Kreislauf der Natur zu produzieren. Gerade in einem Land wie Österreich zahlen viele Menschen diesen Preis gerne. Denn es ist ein gutes Gefühl, als Konsument am Kreislauf der Natur teilzuhaben.

Seit Jahren erzähle ich jedem, der es hören will, wie unser Geschäft funktioniert. Genau genommen lade ich dazu ein, uns zu kopieren. Ich würde mir wünschen, mehr Betriebe würden so arbeiten wie wir. Was wir tun und wie wir es tun ist keine Marketingstrategie, die uns Vorteile gegenüber der Konkurrenz verschaffen soll. Es ist eine Philosophie, für deren Verbreitung ich mich engagiere.

Ich mache dabei allerdings immer wieder eine betrübliche Erfahrung. Manche kopieren unser Design, unsere Werbebotschaften und Texte und versuchen, damit eine ähnliche Marke aufzubauen. Wenn es um die Arbeitsprozesse geht, den Umgang mit Mitarbeitern und die Qualitätssicherung, folgen sie uns jedoch nicht. Ihre Geschichte ist damit nicht authentisch. Diese Unternehmen sind leider nie erfolgreich. Den genauen Grund kenne ich jedoch nicht. Uns kann man eigentlich nur kapieren und nicht kopieren.

Bei uns stand Wachstum nie im Vordergrund, wir ließen es geschehen und freuen uns bis heute. Aus einem Ein-Mann-Unternehmen ist seit 1988 ganz natürlich ein Unternehmen mit rund 500 Mitarbeitern und über 900 Produkten geworden. Ich kann mich heute beruhigt zurücklehnen, weil ich weiß, dass meine Grundsätze über diese Zeit die gleichen geblieben sind. Von Anfang an hat sich nie etwas an ihnen verändert.

Mein Vater half bis zu seinem Tod im Jahr 2009 im Unternehmen mit, meine Mutter half bis zu Ihrem 90. Geburtstag 2018 mit. Das Schönste daran, etwas Sinnvolles zu tun, ist, dass wir nie damit aufhören müssen. Was ist das Ziel im Leben? Alt zu werden und dabei gesund zu bleiben, aber auch gebraucht zu werden. Nicht arbeiten zu müssen, sondern zu dürfen. Es gibt nichts Schöneres, als bis zum Tod sinnerfüllt leben zu können. Jeder Mensch sollte sich fragen, ob das, was er tut, ihm das bieten kann.

Ich selbst merkte mit 55, dass sich meine Energie verändert, weshalb ich mich aus der Firmenleitung und dem Tagesgeschäft zurückgezogen habe. Ich habe die Unternehmungen in die Hände von fähigen MitarbeiterInnen gelegt, die lange an unserer erfolgreichen Entwicklung beteiligt waren. Ich lasse neue Perspektiven und Ideen einfließen, wobei das bei uns jeder tun kann. Wir sind offen, transparent und demokratisch strukturiert. Bei uns hat jeder eine Stimme, die auch gehört wird.

Meine Frau Edith ist ebenfalls im Betrieb und ich bin oft bei unseren drei Kindern, unseren Zwillingen, geboren 2014, und unserer Tochter, geboren 2010. Vielleicht übernehmen sie eines Tages die Betriebe und führen die Geschäfte mit ihren eigenen Ideen und der gleichen Philosophie weiter. Auch damit würde sich ein Kreis schließen. Zumindest meinem Leben gibt nichts mehr Sinn, als den natürlichen Kreisläufen zu folgen.

ALTERNATIVEN ZUR MONSTERWIRTSCHAFT

Wie die Wirtschaft in ihrer jetzigen Form Menschen zu Hamstern in Hamsterrädern macht, hat der österreichische Musiker und Unternehmensberater Thomas Beck in einem Video verdeutlicht, das er während der Corona-Krise veröffentlichte.

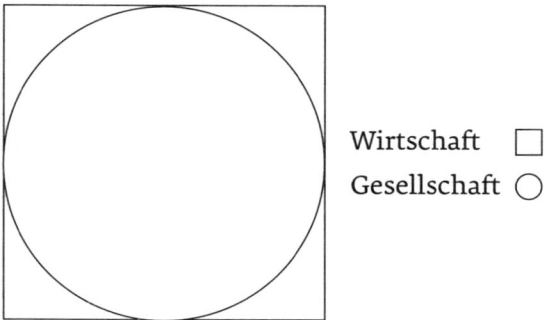

Wirtschaft ☐
Gesellschaft ◯

Die Wirtschaft übt von allen Seiten Druck auf die Gesellschaft aus.

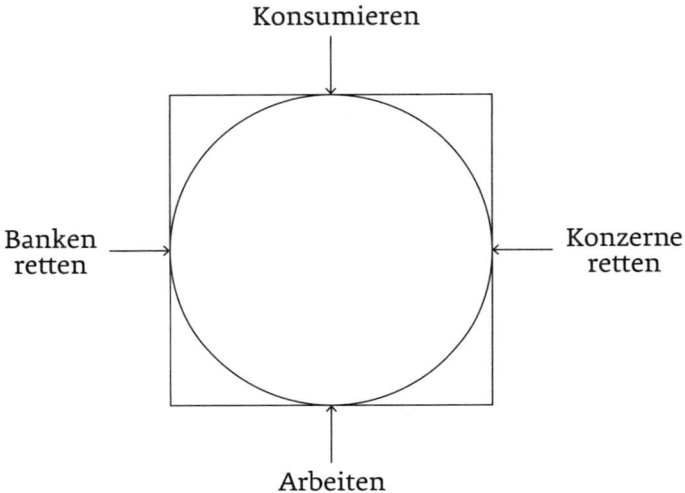

Die Gesellschaft beugt sich den Interessen der Wirtschaft. Die Individuen in der Gesellschaft sind daher dazu verpflichtet, die Interessen der Wirtschaft zu befriedigen, also zu arbeiten, zu konsumieren und, wenn nötig, zu einer Rettung von Banken und Konzernen beizutragen.

Schon immer gab es Menschen, deren innere Stimme sich gegen dieses Konzept gewehrt hat. Einige von ihnen folgen dieser Stimme. In Seminaren lassen sie sich von Lebensberatern jeder Art bestätigen, was sie ohnehin schon wussten. Sie müssen neue Antworten auf drei entscheidende Fragen finden.

Was ist der Sinn meines Lebens?
Was empfinde ich als meinen inneren Auftrag?
Wie kann ich ihn erfüllen?

Zurück im Alltag vereinnahmt sie das Hamsterrad jedoch wieder. Auch deshalb, weil es durchaus Abwechslung bietet. Manchmal laufen Hamster darin schneller und manchmal langsamer. Manchmal laufen sie vorwärts und manchmal rückwärts. In welche Richtung sie gerade laufen, wissen sie zwar nie so genau, aber es fühlt sich für sie immer an, als wären sie in Bewegung. Dabei beschallt sie die Botschaft der Wirtschaft.

Sei dankbar für das Hamsterrad.
Wenn es das Hamsterrad nicht mehr gibt,
dann gibt es die Welt nicht mehr.

Zunächst wirkt es tatsächlich so, als gäbe es keine Alternativen zur Monsterwirtschaft. Das ist womöglich die größte Stärke des kapitalistischen Systems. Es weist auf alle fehlgeschlagenen Staatsformen der vergangenen Jahrhunderte hin und will uns so überzeugen, dass kein anderes System funktioniert. Wollen wir etwa in den Feudalismus des Mittelalters zurück? Welche Auswirkungen der Kommunismus in Russland, China oder Nordkorea hat, wird uns täglich vor Augen geführt.

Politische Parteien müssen nicht gut sein, um gewählt zu werden. Sie müssen nur glaubhaft vermitteln können, dass sie besser sind als die anderen. Der gleiche Trick funktioniert auch hier. Wir kennen die schlechten Seiten der Monsterwirtschaft, doch mittlerweile bilden wir uns ein, dass die Alternativen zu ihr noch schlechter wären. Aber stimmt das wirklich?

Wie ein Mann den Ungehorsam gegen den Staat erfand

Das Vorbild für alle Alternativen ist ein Mann, den viele als Urgroßvater aller westlichen freidenkerischen Bewegungen des 20. Jahrhunderts sehen. Er ist einer der wichtigsten Denker und Schriftsteller Amerikas. Sein Name ist Henry David Thoreau.

Thoreau kam im frühen 19. Jahrhundert in Massachusetts, USA zur Welt. Er studierte in Harvard und geriet anschließend als modern denkender Lehrer in Konflikt mit seinen konservativen Vorgesetzten. Da er nicht bereit war, seine Schüler, wie damals üblich, aufgrund mangelnder Leistung zu schlagen, verlor er seinen Job. Einige Jahre später wagte er ein Selbstexperiment, das ihn berühmt machen sollte. Thoreau zog sich allein in eine Blockhütte mitten im Wald zurück. Zwei Jahre lang lebte er dort und versorgte sich selbst.

Sein Ziel war es nicht, sich aus dem Leben zurückzuziehen. Er wollte sich vielmehr wieder mit der Natur vertraut machen, die als Folge der industriellen Revolution langsam verschwand. Seine Erfahrungen nutzte er als Grundlage, um daraus ein neues Wirtschafts- und Gesellschaftssystem zu entwickeln. Dieses sah die Natur nicht als bloßen Rohstoff für den Menschen, sondern als Voraussetzung allen Lebens. Er fasste alles in dem Buch *Walden oder Leben in den Wäldern* zusammen, das bis heute als Pflichtlektüre unter Systemkritikern gilt.

Thoreaus Kampf für ein gerechteres System war nicht vorbei, als er in die Gesellschaft zurückkehrte. Da er ein entschiedener Gegner der Sklaverei war, die von dem amerikanischen Staate mit Steuergeldern finanziert wurde, weigerte er sich, weiterhin seine Steuern zu zahlen. Vorübergehend saß er dafür im Gefängnis. Eine Anekdote erzählt, wie sein Onkel zu ihm ins Gefängnis kam, um ihn gegen Kaution freizukaufen. Als er vor Thoreaus Zelle trat, schüttelte der Onkel den Kopf. »Warum bist du hier?«, fragte er seinen Neffen. Darauf antwortete Thoreau: »Warum bist du *nicht* hier?«

In Freiheit widmete sich Thoreau wieder dem Schreiben. In seinem Werk *Über die Pflicht zum Ungehorsam gegen den Staat* beschreibt er, wann Bürger die Pflicht haben, sich friedlich gegen den Staat zu stellen. Ihm kann damit die Erfindung des zivilen Ungehorsams zugeschrieben werden. Viele der großen Freiheitskämpfer, etwa Mahatma Gandhi und Martin Luther King, beriefen sich auf seine Schrift.

Wir müssen uns heute fragen, wie viel Gehorsam wir einem System schulden, das mit unseren Steuern einen Krieg gegen die Natur, unseren ureigenen Lebensraum, führt. Es sind unsere Steuern, die den Ausbau von Flughäfen, Förderungen für Autohersteller, industrielle Schlachthöfe und Staudämme finanzieren. Ganze Landstriche verändern sich radikal aufgrund dieser Projekte.

Thoreau erkannte, dass Bürger seit jeher einen Teil ihres Lohns an den Staat abgeben. Der Staat bietet ihnen dafür Schutz und kümmert sich um ihr Wohlergehen. Unser System pervertiert diese uralte Vereinbarung. Es zwingt uns dazu, unseren eigenen Untergang zu finanzieren. Unsere beste Chance, das System zu ändern, besteht darin, diesen Widerspruch zu erkennen und zu artikulieren. Wenn wir protestieren, wird die Politik reagieren. Das ist das Merkmal einer freien demokratischen Gesellschaft.

Die Geburt der Alternativen

Eine Bewegung, die sich in der zweiten Hälfte des 20. Jahrhunderts besonders durch ihr regierungskritisches Denken auszeichnete und maßgeblich von Thoreaus Ideen beeinflusst war, waren die Hippies. Von dem Mainstream jahrelang abschätzig als »alternativ« bezeichnet, beschäftigten sie sich wie Thoreau mit zwei großen Fragen. Diese kamen zu ihrer Zeit fast schon einem Tabubruch gleich.

Was ist der Sinn meines Lebens?
Was brauche ich, um glücklich zu sein?

Die Hippie-Bewegung entstand während einer der größten Krisen der jüngeren amerikanischen Geschichte. Der sinnlose Krieg in Vietnam war der Auslöser dafür, dass sich viele junge Menschen mit dem System auseinandersetzten, in dem sie lebten. Dabei erkannten sie, dass dieses System den Planeten ausraubte, Menschen als Ware betrachtete und dabei niemals genug bekam. Zu den Folgen davon gehörten Krieg, Rassismus und Armut.

Die Antworten, die die Hippies für sich auf die beiden großen Fragen fanden, gefielen den meisten älteren Amerikanern nicht.

Wir wollen nicht leben wie unsere Eltern.
Wir wollen nicht leben, um zu arbeiten, ohne zu wissen,
warum und wofür.
Wir wollen leben und arbeiten, um uns selbst zu entdecken
und einen wertvollen Beitrag zu leisten.
Wir wollen beitragen zu einem friedlichen Miteinander
innerhalb der Gesellschaft.
Wir wollen zum Wohlbefinden der Gesellschaft beitragen,
und nicht zum Wohlbefinden der Konzerne.

Die Hippie-Bewegung wurde zunächst vor allem von Kindern der bürgerlichen Mittelschicht getragen, also von Menschen, die in geordneten und wohlhabenden Verhältnissen aufgewachsen waren. Sie konnten mit den Werten, der Moral, der Kultur und der Identität ihrer Eltern nichts mehr anfangen. Bis dahin war die Kritik am System meist von linken Arbeiterbewegungen ausgegangen, diese hatten sich zu dieser Zeit meist schon mit dem Kapitalismus arrangiert.

Die Hippies jedoch sahen sich nicht in diesem Sinne als politisch an. Sie wollten nicht eine politische Ideologie durch eine andere ersetzen, sondern ihre Lebensbedingungen grundlegend ändern. Sie wollten, dass der Mensch mehr ist als bloße Arbeitskraft in einem Sechzig-Stunden-Job.

Demonstrationen verbreiteten sich und bald schon gab es Proteste gegen sinnlose und grausame Kriege wie jenen in Vietnam, gegen den Kalten Krieg und gegen Atomkraft. Außerdem wurde gegen Rassismus, Sexismus und jede andere Art von Diskriminierung und Tabuisierung von Sexualität demonstriert.

Die amerikanische Regierung tat vor allem unter Präsident Richard Nixon alles, um diese Bewegung aufzuhalten. Bald erkannte sie allerdings, dass Gewalt der falsche Weg war. Die neue Taktik bestand darin, Hippies in den Medien als faul und dumm und ihren Lebensstil als im schlimmsten Fall tödlich darzustellen.

Vor der Hippie-Bewegung experimentierte die amerikanische Regierung selbst mit Substanzen wie LSD, die sich als vielversprechend in der Therapie von Depression erwiesen hatten. Als klar wurde, dass auch Hippies gerne LSD konsumierten, diskreditierten sie die Droge als todbringend. Medizinische Versuche wurden eingestellt und alle Konsumenten zu Kriminellen erklärt. Ganz ähnlich geschah es mit Marihuana.

Dann kam das Jahr 1970, in dem Charles Manson mit seinen Anhängern der Manson Family eine Reihe aufsehenerregender Morde beging. Nach diesem Ereignis konzentrierte sich die Berichterstattung in den Medien noch gezielter darauf, die Hippies als drogensüchtig und potentiell gefährlich darzustellen. Selten war gezielte mediale Berichterstattung so wirkmächtig. Sie besiegelte den Untergang der Hippie-Bewegung. Die amerikanische Regierung hatte es erfolgreich geschafft, die Bevölkerung von den eigentlichen Problemen abzulenken. Statt über Krieg und Ungleichheit sprachen die Menschen über gefährliche Suchtmittel und arbeitsscheue Hippies.

»Wenn sie dich dazu bringen, die falschen Fragen zu stellen, müssen sie sich nicht um deine Antworten kümmern«, schrieb der amerikanische Autor Thomas Pynchon, der diese Zeit in seinen Werken verarbeitet.

Greenpeace, *Attack* und andere weltweit agierende Nicht-Regierungs-Organisationen gingen aus der Protestbewegung der Hippies hervor, ebenso die Partei *Die Grünen*. Bald waren diese Gruppen nicht mehr nur politisch, sozial und kulturell motiviert. Der maßlose Umgang des Menschen mit den Ressourcen der Erde rückte als Thema in den Vordergrund. Und mit ihm die Kritik an der Wachstums-Doktrin der Wirtschaftspolitik.

Die »Alternativen« von damals, gerne auch als »Spinner« oder »Freaks« bezeichnet, ahnten bereits, dass unser Planet eine katastrophale Entwicklung nehmen würde. Diese wurde von dem Zusammenbruch des ehemaligen Ostblocks, den Fortschritten in der Telekommunikation sowie der Entstehung des Internets exponentiell beschleunigt. All das führte zu noch größerem Wachstum.

Diese Querdenker schwenkten dabei nicht bloß Transparente und trugen lange Haare. Sie erprobten sich und ihre Gemeinschaft zum Beispiel auch in neuen Lebensformen wie Landkommunen oder Wohngemeinschaften, die zu jener Zeit keine neuen Sharing-Modelle, sondern Philosophien waren.

Das Ganze manifestierte sich zwangsläufig auch in alternativen Wirtschaftsformen. Selbstverwaltung war eines der ersten Konzepte gegen den Untergang im Mainstream. Nach und nach entstanden neue landwirtschaftliche Betriebe, etwa solche wie der des ehemaligen Fleisch-Industriellen Karl Ludwig Schweisfurth. Sie setzten auf Nachhaltigkeit, obwohl dieses Wort erst viel später entstand.

Was als Protest junger Menschen gegen den Wertkonservatismus der Älteren und als Gesellschaftskritik an der Kriegsgeneration begonnen hatte, entwickelte sich so allmählich zu einer Art internationalem Konglomerat von Alternativen zur Monsterwirtschaft. Gruppierungen, die zunächst allein für die eigene Sache kämpften, vernetzten sich und protestierten gemeinsam. Etwa gegen Kinderarbeit, Sozialabbau, die Ausbeutung der Dritten Welt oder unmoralische Börsenspekulationen.

Vor allem an den ökologischen Ideen dieser Alternativen kam auch die Politik ab einem bestimmten Punkt nicht mehr vorbei. Die Grünen entstanden als neue politische Kraft. Ihre Ziele waren der Ausstieg aus der Atomenergie, die Förderung erneuerbarer Energien, die Reduzierung von Plastikmüll, das Verbot von Tierversuchen und der Klimaschutz. Aber auch für Themen aus der Landwirtschaft, wie die Kennzeichnungspflicht für Lebensmittel, die Beendigung der Massentierhaltung, die Förderung biologischer Landwirtschaft oder etwa das Verbot von Gentechnologie in der Lebensmittelproduktion, machten sie sich stark. Bald wurden diese Probleme auch Teil der Agenda anderer Parteien.

Längst sind die alternativen Ideen der einstigen Freaks erwachsen geworden, vor allem wegen des Klimawandels und seinen auf einmal so realen Bedrohungen. Sie kreisen um das Wohlbefinden des Menschen, das Wachstum der Wirtschaft mit neuen Attributen oder überhaupt das Ende des Wachstums. Das sind nun die Ideen, die in Milton Friedmanns Sinn griffbereit herumliegen, um aus der Krise eine Chance zu machen.

Doch wie gut sind sie und reichen sie aus, um den Planeten zu retten?

Liebevoller bilanzieren

In Europa hat es zum Beispiel die in den 1990er-Jahren entstandene sogenannte Gemeinwohl-Ökonomie in die etablierten politischen, sozialen und ökologischen Diskussionsforen geschafft. »Unser jetziges Wirtschaftssystem steht auf dem Kopf«, sagt in diesen Foren und in seinen Büchern etwa der bekannteste österreichische Gemeinwohl-Ökonom Christian Felber. »Das Geld ist zum Selbstzweck geworden, statt ein Mittel zu sein für das, was wirklich zählt: ein gutes Leben für alle.«

Es geht bei den verschiedenen Versionen der Gemeinwohl-Ökonomie um die Orientierung der Wirtschaft an der Gemeinschaft, um Zusammenarbeit, Solidarität, Menschenwürde, soziale Gerechtigkeit, ökologische Nachhaltigkeit und demokratische Mitbestimmung in der Wirtschaft. Macht, Eigentum und Einkommen sollen sich dabei in maßvollen Grenzen halten.

Rund 500 Firmen fühlen sich der Gemeinwohl-Ökonomie bisher verpflichtet und erstellen freiwillig eine jährliche »Gemeinwohl-Bilanz«, die statt dem monetären Gewinn den Dienst an der Gemeinschaft in den Vordergrund stellt. Die Vision ist, dass eines Tages Firmen mit einer guten Gemeinwohl-Bilanz niedrigere Steuern zahlen und günstigere Kredite oder etwa Vorteile bei Vergaben öffentlicher Aufträge erhalten.

So wundervoll diese Initiative ist, sieht es doch derzeit nicht danach aus, als ob aus den 500 Unternehmen hunderttausende werden und die Gemeinwohl-Ökonomie zum neuen Wirtschaftssystem aufsteigen könnte. In einem kapitalistischen Wirtschaftssystem widerspricht sie vordergründig zu sehr dem Effizienz- und Profitdenken der allermeisten Unternehmen.

Gemeinsamer produzieren

Dem eigentlichen Sinn der Wirtschaft nähert sich auch die sogenannte solidarische Ökonomie an, die auf Ideen wie *nutzen statt besitzen, beitragen statt tauschen* und *teilen statt kaufen* basiert. Sie nimmt Gestalt an in der Form von selbstverwalteten Betrieben, Ökodörfern, Tauschringen und Garten- und Wohnraumprojekten. Aber auch Open Source-Projekte und gemeinschaftlich organisierte Bildungs-, Kultur- und Gesundheitseinrichtungen sind eine Ausprägung.

Ihren Ursprung nahmen diese Initiativen im Südamerika der 1980er-Jahre, als Menschen auf Zusammenarbeit, Gemeinschaft und Einheit in der Vielfalt setzten, um trotz ihrer mangelnden Ressourcen und ihrer schwachen sozialen Stellung wirtschaftlich erfolgreich sein zu können. Das ging so weit, dass die brasilianische Regierung 2003 sogar ein eigenes Staatssekretariat für Solidarische Ökonomie schuf. Sein Ziel ist es, im ganzen Land gemeinschaftliche Aktivitäten zu erfassen, um sie gezielt fördern zu können.

»Die Zeit ist reif, um die verheerenden Auswirkungen der industriellen Nahrungsmittelproduktion auf den Tisch zu bringen«, heißt es dazu in einer Erklärung der Europäischen solidarischen Landwirtschaft, bei der Konsumenten etwa durch Abnahmegarantien und Mitspracherechte Partner der Bauern werden. »Essen ist zu wichtig, um es bloß als Ware zu behandeln. (...) Wir sind viele, vielfältig und vereint. Wir stehen solidarisch zueinander, übernehmen füreinander Verantwortung und gestalten sozial inklusive, ökonomisch tragfähige und ökologisch nachhaltige Ernährungssysteme.«

Im deutschsprachigen Raum reichen die Wurzeln der solidarischen Ökonomie ins 19. Jahrhundert zurück. Damals organisierten sich Menschen auf vergleichbare Weise durch Kredit-, Konsum- und Wohnbaugenossenschaften, vor allem, um den massiven Folgen der Industrialisierung etwas entgegenzusetzen.

Mittlerweile hat sich erwiesen, dass auch dieses Konzept nicht immun gegen die Vereinnahmung durch die Monsterwirtschaft ist. Denn obwohl die solidarische Ökonomie in ihren Anfängen durchaus basisdemokratisch war, sind die damals entstandenen Genossenschaften heute weit weg von ihren ursprünglichen Ideen. Sie sind, wie etwa der Raiffeisenverband, zentralistisch organisiert und agieren wie Konzerne.

Grüner wachsen

Mit dem Begriff *Green New Deal* sind die Alternativen endgültig in der Mitte des politischen Diskurses angekommen. Zum ersten Mal verwendet hat ihn 2007 Thomas Friedman, ein Journalist der *New York Times*, in Bezug auf US-Präsident Theodore Roosevelt. In den 1930er-Jahren nannte dieser das massive Konjunkturpaket, mit dem er die Weltwirtschaftskrise überwand, *New Deal*.

Ein Gesicht und Inhalte bekam der *Green New Deal* von der US-Demokratin Alexandria Ocasio-Cortez im März 2019, die eine Warnung der UNO ernstnahm. Diese lautete, dass die Welt nur noch zehn Jahre Zeit habe, um die schlimmsten Folgen des Klimawandels abzuwenden. Ocasio-Cortez fordert ein weltumspannendes, von der Politik initiiertes, grünes Wirtschaftssystem, eine *Green Economy*.

Die *Green Economy* verlangt einen massiven Ausbau des öffentlichen Nahverkehrs, konsequente Förderung erneuerbarer Energien, energieeffiziente Gebäudesanierungen und nennenswerte Entwicklungshilfe. Mit einem globalen sozialen Wandel will Ocasio-Cortez ein neues globales, ökologisches und soziales Gleichgewicht herstellen und damit alle großen Probleme, vor denen die Welt steht, gleichzeitig lösen. Sowohl die UNO als auch die EU halten die *Green Economy* für unverzichtbar, wenn es um die Rettung des Planeten geht.

Die Gegner sind sich uneinig. Zu radikal und deshalb zu teuer, zu riskant und zu unrealistisch meinen die einen, nicht radikal genug die anderen. Roosevelt bekam für seinen *New Deal* einst ebenfalls viel Kritik. »Sie geben dem, was wir tun, eigenartige Namen«, sagte er dazu. »Manchmal nennen sie es Faschismus, manchmal Kommunismus, manchmal Reglementierung, manchmal Sozialismus. Aber damit versuchen sie eine Sache sehr komplex und theoretisch zu machen, die sehr einfach und praktisch ist.«

Genauso könnte jetzt auch Alexandria Ocasio-Cortez für ihre Vision zur Rettung des Planeten argumentieren, doch zwei Probleme, die allmählich sichtbar werden, hat sie trotzdem. Zum einen würde es für die globale Variante der *Green Economy* so etwas wie Kohäsion brauchen, also inneren Zusammenhalt. Dieser scheint auf allen Ebenen der Gesellschaft jedoch eher zu schwinden als zu wachsen, von der Staatengemeinschaft bis hin zur Familie.

Früher haben Staaten bis zu einem gewissen Grad zusammengearbeitet. George Bush und Wladimir Putin zum Beispiel verstanden sich gut. Sie waren beide Egozentriker, aber es gab ein Level, auf dem sie miteinander kommunizieren konnten. Jetzt gibt es diese Ebene nicht mehr, und die Verständigung unter den Amerikanern fällt ebenfalls zunehmend schwerer. Die Zeiten, in denen Demokraten und Republikaner regelmäßig gemeinsame Gesetze zum Wohle ihres Landes beschlossen, sind vorbei.

Zur selben Zeit sind die USA auf Konfrontationskurs mit China. Lange hatten sich die beiden Länder einander angenähert. Doch etwa 2008, noch unter der Regierung des US-Präsidenten Barack Obama, kippte dieser Trend in die andere Richtung. Die Staaten drifteten wieder auseinander und unter Donald Trump eskalierte diese Entwicklung.

In der EU ergibt sich ein ähnliches Bild. Lange wuchs der innere Zusammenhalt, da neue Mitgliedstaaten aufgenommen wurden. Dann trat England jedoch aus der EU aus und populistische Staatschefs in anderen Ländern entscheiden sich zunehmend für einen anti-europäischen Kurs.

Innerhalb der einzelnen Länder ist der schwindende Zusammenhalt ebenfalls spürbar. Die politische Polarisierung wächst, die gesellschaftlichen Bruchlinien zwischen Jung und Alt, Ausländern und Inländern, Rechts und Links, Reich und Arm, Bourgeoisie und Proletariat und Norden und Süden werden immer sichtbarer.

Selbst innerhalb der Städte, der Unternehmen und der Familien lässt der innere Zusammenhalt nach. Jeder schaut zuerst auf sich, was in der postindustriellen Gesellschaft ein gewolltes Prinzip sein mag, globale Herausforderungen lassen sich so jedoch nicht bewältigen.

Das zweite große Problem der *Green Economy* besteht darin, dass sie weiter auf Wachstum setzt. Sie will es mit Innovationen im Bereich grüner Technologie sogar noch ankurbeln.

Dass sich so der Planet schwer retten lässt, zeigt ein Blick nach China, das angesichts von dichtem Smog über den Städten und einer explodierenden Krebsrate aus ureigenem Interesse die Umweltprobleme zu lösen versucht. China investiert mehr als alle anderen Staaten in grüne Technologie, hinkt aber der destruktiven Dynamik der Wachstums-Wirtschaft trotzdem immer weiter hinterher.

Die Bahnstrecke von der chinesischen Hauptstadt Peking in die 1.318 Kilometer entfernte, größte chinesische Stadt Shanghai etwa, ist ein grünes Vorzeigeprojekt. Für diese Strecke, die fast so lang ist wie die von Wien nach London, hat China einen Schnellzug entwickelt, der sie in gerade einmal 4,5 Stunden bewältigt. Die elektrischen Hochgeschwindigkeitszüge mit der Bezeichnung CRH5 erreichen Geschwindigkeiten von bis zu 380 Stundenkilometern. Umweltbelastende Flüge sollen damit durch grüne Bahnfahrten ersetzt werden.

Die Reisenden nehmen das Angebot gerne an. Etwa sechzig Prozent jener, die zwischen den beiden Städten hin und her fahren, entscheiden sich für die Bahn. Trotzdem ist der Flugverkehr zwischen Peking und Shanghai weitergewachsen. Das liegt daran, dass die Nachfrage nach Reisen in der Volksrepublik mit ihrem anhaltenden Wirtschaftswachstum so stark gestiegen ist, dass die neue Bahnverbindung alleine nicht ausreicht. Trotz des Zuges fliegen jeden Tag fünfzig Maschinen der Größenordnung *Boeing Triple Seven* zwischen Peking und Shanghai hin und her, und es werden immer mehr.

Tatsächlich gibt es keinen einzigen empirischen Beweis dafür, dass sich die Entwicklung der Wirtschaft von jener der Emissionen und des Ressourcenverbrauchs entkoppeln lässt. Auch wenn Ocasio-Cortez, die UNO und die EU darauf setzen, scheint Wirtschaftswachstum dem Planeten zu schaden, egal wie grün es ist.

Schneller lernen

»Schluss mit WachstumWachstumWachstum«, titelte deshalb die deutsche Wochenzeitung *Die Zeit*, als sie von einem bemerkenswert offenen Brief berichtete. 200 Wissenschaftlerinnen und Wissenschaftler aus der ganzen Welt hatten ihn gemeinsam verfasst und an die Europäische Union gerichtet.

Wir hätten die ökologischen Grenzen überschritten, lautete die Botschaft. Wir bräuchten kein weiteres Wachstum, um die Probleme der Menschen in Europa zu lösen. Überhaupt noch Wachstum zu erzeugen, wird ohnehin immer schwieriger. Weil die Zuwächse an Produktivität kontinuierlich abnehmen. Weil die Märkte gesättigt sind. Weil die Umwelt schwer geschädigt ist. Weil wir im Irrglauben, das Wachstum doch noch ankurbeln zu können, nur noch mehr Schulden machen, Arbeitszeiten verlängern, Menschen noch brutaler ausbeuten als bisher und soziale Absicherungen im Gegenzug zurückfahren. Wir spalten die Gesellschaft, wir untergraben die Demokratie und wir schaffen wirtschaftliche Instabilität.

Die Ärztin, Psychotherapeutin und Politik-Beraterin Leibovici-Mühlberger stellt in ihrem bereits genannten Buch *Startklar* auch den Zusammenhang zwischen dem Wachstumsdogma und der körperlichen Gesundheit her. »Das Limit in der Steigerungsgesellschaft ist immer unsere eigene Biologie als verletzliches, sterbliches Wesen«, schreibt sie. »Es gibt den Punkt, ab dem uns ihre Mechanismen und Abläufe töten.«

Wenn wir zum Beispiel Tieren ihre Lebensräume nehmen und die Regenwälder abholzen, macht das nicht nur mit den Tieren und dem Klima etwas. Es hat auch direkten Einfluss auf die Ansteckungsgefahr der Menschen durch Viren wie dem Coronavirus. »Die Respektlosigkeit des

Menschen gegenüber der Natur und den Tieren hat diese Pandemie verursacht«, sagte etwa die Primatenforscherin und »Schimpansen-Mutter« Jane Goodall. »Wenn wir beispielsweise den Wald zerstören, werden die verschiedenen Tierarten, die ihn bewohnen, gezwungen, auf engerem Raum zu leben. Krankheiten werden von einem Tier auf das andere übertragen – und eines dieser Tiere, das gewaltsam in die Nähe von Menschen gebracht wird, wird diese wahrscheinlich infizieren.«

Wildtiermärkte in Asien und Afrika, dazu die völlig aus den Fugen geratene, auf massenhaften Fleischkonsum ausgerichtete Intensivlandwirtschaft, würden, so Goodall, Viren die Möglichkeit bieten, von einer Spezies auf die nächste und weiter auf den Menschen zu springen.

Hippokrates von Kos, ein Wanderarzt der Antike, der die Medizin weg vom damals üblichen Aberglauben wissenschaftlich ausrichtete, formulierte es so: »Krankheiten überfallen den Menschen nicht wie ein Blitz aus heiterem Himmel, sondern sind die Folgen fortgesetzter Fehler wider die Natur.« Er meinte damit sowohl Fehler wider die Natur jedes einzelnen Menschen, als auch Fehler wider die uns umgebende Natur. Auch der Satz »Alles Übermäßige verstößt gegen die Natur« wird ihm zugeschrieben.

Während der Corona-Krise haben etliche Menschen sehr viel gelernt. Es waren kleine Beobachtungen, wie etwa, dass es Personen gibt, die über ihre Masken hinweg auch mit den Augen lächeln, und andere, die es nicht tun. Und große, wie etwa, dass das Wirtschaftssystem zusammenbricht, wenn jeder nur noch das kauft, was er wirklich braucht. Oder wie es der österreichische Kabarettist Michael Niavarani etwas unverblümter ausdrückte: »Aber ist es nicht trotzdem erstaunlich an der ganzen Situation, dass die Wirtschaft zugrunde geht, wenn die Menschheit acht Wochen lang sich nur das kauft, was sie wirklich braucht? Das heißt, wir kaufen uns eigentlich nur Scheißdreck.«

Vielen ist bewusst geworden, wie sehr unser Personen- und Warenverkehr längst außer Rand und Band geraten ist und wie rücksichtslos gegenüber dem Planeten es ist, zum Christmas-Shopping nach New York zu jetten.

Eine dunkle, fast dystopische Zeit hat den Blick vieler auf die Möglichkeit des Neuen geschärft. Klaus Fiala, Chefredakteur der deutschsprachigen Ausgabe von *Forbes*, die im Allgemeinen den Fokus nicht auf Ökologie legt, schrieb rund sechs Wochen nach dem großen Shutdown in einem Kommentar: »Im Gegensatz zur Finanzkrise 2008 ist Covid-19 keinesfalls etwas Entferntes oder Abstraktes. Diese Krise ist vielmehr eine der größten Herausforderungen, die wir je zu meistern hatten – und eine der größten Chancen. Ich werde versuchen, sie zu nutzen, um meine Rolle als Führungskraft und unsere Rolle als Organisation radikal neu zu denken. Ich hoffe, Sie tun das auch.«

Die Alternativen zur Monsterwirtschaft haben so zusätzlichen Schwung erhalten. Milliarden Menschen haben verstanden, dass regionales Wirtschaften nicht nur eine Frage des Umweltschutzes ist, sondern auch eine Frage des Überlebens in Krisenzeiten. Was würden Bäcker in Österreich ohne regionale Lebensmittelproduktion tun, wenn sie aufgrund von abgeschnittenen Lieferwegen keine Hefe mehr aus Ungarn bekommen könnten? Es wäre ihnen nicht mehr möglich, Brot zu backen und damit ihre Bäckereien zu beliefern.

Die Bereitschaft, umzudenken war auf allen Ebenen noch nie so groß wie am Höhepunkt der Angst und der Verunsicherung durch das Virus. In Österreich entstand ein »Lebensmanifest«, in dem Wissenschaftler, Schriftsteller, Unternehmer, Denker und Vertreter des *Club of Rome* Dinge sagten, für die sie vor ein paar Jahren noch als »Alternative«, »Spinner« und »Ökos« gegolten hätten.

»Wir haben begriffen, dass wir als Menschheit alle im gleichen Boot sitzen«, heißt es darin. »Wir haben die Wichtigkeit von Regionalität wiederentdeckt, ohne jedoch das große Ganze aus den Augen zu verlieren. Wir haben begriffen, dass nur gemeinsames, solidarisches Handeln die gewünschten Effekte für alle bringen kann. Wir haben bewiesen, dass wir uns verändern können. Als Menschen und als Gemeinschaft. Wir haben erlebt, dass es noch nicht zu spät ist. Wir haben gelitten und gebangt. Im Gegenzug hat uns die Natur mit ihrer Regenerationskraft Hoffnung gegeben.«

Jetzt gelte es, die richtigen Konsequenzen daraus zu ziehen, den Klimawandel zu stoppen, die Natur zu entlasten und weltweit Ungerechtigkeiten, Kriege, Armut und Hunger zu beenden. Wodurch das gelingt, steht ebenfalls in diesem Manifest. Durch eine Wirtschaft, die sich an den Regeln des Lebens orientiert und allen Menschen eine würdevolle Existenz ermöglicht. Durch Solidarität und größere Fairness innerhalb von Gesellschaften und zwischen Nationen.

Dies, so die Unterzeichner, führe zu einer menschlichen Welt für alle, gekennzeichnet von sozialer, ökologischer, wirtschaftlicher und politischer Fairness. Merkmale sind etwa die gerechte Verteilung von Ressourcen, das Teilen von notwendiger Arbeit, eine Verteilung des Vermögens und eine Teilhabe aller an Entscheidungen. Danach folgt ein Forderungskatalog, der jenem der Proponenten der *Green Economy* entspricht.

Sogar das von Globalisierungskritikern als neoliberale Organisation heftig kritisierte Weltwirtschaftsforum (WEF) mit Sitz im Schweizer Kanton Genf will als Lehre aus der Krise »radikal neu denken«. Schließlich erreichte die Corona-Krise etwas, das globale Katastrophen wie Armut und Hunger nie erreicht haben. Sie reichte auch an die Reichen und Mächtigen heran, die über Hunger an gut gedeckten Tischen und über die Erderwärmung in gekühlten Büros diskutierten. Auf einmal mussten auch sie Masken tragen und um ihr Leben fürchten.

Corona biete die Chance, einen »Stakeholder Capitalism« zu installieren, sagten Vertreter des WEF während der Krise. Nicht nur Aktionäre sollen bei Entscheidungen mitreden dürfen, sondern alle Stakeholder. Also alle, die diese Entscheidungen irgendwie betreffen. Kunden, Lieferanten und Mitarbeiter, aber auch die Gesellschaft und Vertreter von Umweltorganisationen.

Schöner Leben

Sind das mehr als romantische Utopien, die aus der Angst entstanden sind? Einer Angst, die Milliarden Menschen, wenn auch nur vorübergehend, sich auf das besinnen ließ, was sie immer schon stark gemacht hat, auf ihren Zusammenhalt? Schaffen es die Proponenten des Weltwirtschaftsforums wirklich, sich als jahrzehntelange Wachstumsdogmatiker selbst abzuschaffen, um etwas Neuem, das von anderen Akteuren stammen müsste, Platz zu machen?

Die allermeisten Politiker haben angesichts der Krise zunächst getan, was sie zu tun gewohnt sind: Sie haben in alten Denkmustern gedacht und reagiert. Nationalistische Egoismen waren das Gebot der Stunde. Grenzen wurden geschlossen. Die Politiker gaben Antworten auf Fragen des 21. Jahrhunderts reflexartig im Stil des 20. oder gar 19. Jahrhunderts. Werden sich ihre Reflexe jetzt ändern?

Politiker und Spitzenmanager verbindet, dass sie auf Zeit bestellt sind. Vier bis fünf Jahre dauert im Schnitt die Legislaturperiode eines demokratisch gewählten Parlaments. 4,8 Jahre sitzen laut statistischen Erhebungen Spitzenmanager in ihren Sesseln. Doch wer echten Wandel schaffen will, wer langfristige Ziele nicht nur aussprechen, sondern auf die Reise bringen will, der müsste über die Begrenztheit des eigenen Wirkens weit hinausdenken. Schaffen das jene, die derzeit an den Hebeln der Macht sitzen? Können wir darauf vertrauen? Und wer gibt jenen, die es vielleicht schaffen würden, eine Chance?

Jünger denken

Die dringend erforderliche Alternative zur Monsterwirtschaft und der Gesellschaft, die sie hervorgebracht hat, könnte die Evolution ganz von selbst mit sich bringen. Der Endokrinologe und Reproduktionsmediziner Johannes Huber schreibt in seinem Buch *Woher wir kommen. Wohin wir gehen* über einen Wandel des *Homo sapiens* vom *Homo brutalis* zu einem *Homo sozialis*, eine Bezeichnung, die sich inzwischen auch andere Wissenschaftler zu eigen gemacht haben. Huber glaubt, dass die Evolution auf dramatische Herausforderungen für die Menschheit in relativ kurzer Zeit reagieren könne. Forschungsergebnisse relativ neuer wissenschaftlicher Richtungen wie der Epigenetik bestätigen das. Demnach wächst gerade eine Generation heran, für die Besitz, Gier und Macht zunehmend Fremdwörter sind und Krieg ein Konzept aus den Geschichtsbüchern ist.

Eine Hoffnung, die etwa das Buch *Die Welt, die ihr nicht mehr versteht* bestätigt. Geschrieben hat es Samuel Koch, ein zu diesem Zeitpunkt 25 Jahre alter Jungunternehmer, der über seine Plattform *Start-up Challenge Austria* andere Jungunternehmer miteinander vernetzt. Koch, der derzeit die Wirtschaftsakademie *WizHub* mit »Herzensbildung« als einem der Kernthemen entwickelt. Er glaubt, dass sie die treibende Kraft in der Entwicklung der Wirtschaft und in der Gesellschaft der Zukunft sein wird. Der alten Generation wirft er unter anderem vor, keine Utopien mehr zu haben.

»Würde ich zu einem eurer Politiker sagen: Bitte nennen Sie mir Ihre Utopie in 500 Worten, dann würden er und seine Presseleute mir höchstens ein adaptiertes Konvolut von Phrasen schicken«, schrieb er 2019. Weshalb er selbst eine Utopie in 500 Worten verfasste, nicht als seine persönliche, sondern als die seiner Generation.

Die Gesellschaft der Zukunft ist eine Gesellschaft freier, selbstbestimmter Menschen. Sie sind dank des Internets verbundener, humaner und empathischer geworden. Das Prinzip des Seins hat das Prinzip des Habens abgelöst, wodurch Gründe für Konflikte weggefallen sind. Es geht nicht mehr um Arbeit, sondern um Leben, nicht mehr um Geld, sondern um Ideale wie Gemeinschaft, Zeit und Frieden.

Egoismus hat sich als Begleiterscheinung des Profitkapitalismus herausgestellt und ist mit ihm verschwunden. Der Profitkapitalismus hat einem gemeinnützigen Kapitalismus Platz gemacht. Die Menschen sind dabei nicht mehr für den Kapitalismus da, sondern der Kapitalismus ist für die Menschen da. Nicht mehr weiße Männer, die auf hohen Rössern sitzen und alles und jeden zu ihrem Vorteil ausbeuten, schaffen diesen Kapitalismus. Sondern Menschen überall auf der Welt, die erfolgreich sein wollen, aber nicht indem sie reich werden, sondern indem sie etwas Wesentliches beitragen.

Der gemeinnützige Kapitalismus produziert im Rahmen von Gesetzen, die den Planeten schützen, Dinge, die Menschen brauchen und haben wollen, und die sie auf einem gesunden freien Markt kaufen können.

Wir haben auf die Frage, ob es sich bei dominanten Konzernen wie Amazon, Facebook oder Apple, die als digitale Monopolisten die Infrastrukturen unseres Lebens bestimmen, um Cashcows einiger Bosse des Silicon Valley oder um Gemeingut handelt, eine für die Menschheit befriedigende Antwort gefunden. Diese hat nichts mit Kategorien wie links oder rechts zu tun.

Die Bosse des Silicon Valley haben ihren Ruf als neue Herren der Welt verloren. Sie haben sich einen neuen Ruf als die kreativsten und innovativsten Dienstleister aufgebaut. Der Kontrollkapitalismus von Ländern wie China ist in einer neuen globalen Ethik, die Würde und Privatsphäre des Individuums respektiert, untergegangen.

Der neu entstandene, globale und gemeinnützige Kapitalismus bietet Menschen im Rahmen einer Zusammenarbeit an einer gemeinsamen Sache die Möglichkeiten zur Selbstverwirklichung. Befreit von Existenzängsten dank eines bedingungslosen Grundeinkommens begeben sich viel mehr Menschen als bisher auf die Suche nach dem eigentlichen Sinn ihres Lebens, was sie reflektierter und toleranter macht.

Die populistische Strategie des Instrumentalisierens von Ängsten wurde durchschaut und funktioniert nicht mehr.

Die Politik hat innerhalb einer global vernetzten Demokratie wieder Fantasie und Ideen. Wir haben ethische Maßstäbe und Gesetze, die zum Beispiel das Designen von Babys nach beliebigen Parametern wie Aussehen, Intelligenz, Kraft und Geschlecht oder das Delegieren der Entscheidungen über Leben und Tod an Kriegsmaschinen wie Kamikaze-Drohnen verbieten.

Das Leben bietet dank digitaler Hilfsmittel insgesamt mehr Moral, Würde, Freiheiten und Entfaltungsmöglichkeiten. Die Medizin hat neue Möglichkeiten geschaffen, Krankheiten zu heilen, die bisher unheilbar waren, oder vor ihrem Ausbruch zu erkennen und unser Leben bis ins hohe Alter lebenswert zu machen.

Infolge der Globalisierung eines Lebensstils, der den Ressourcen unseres Planeten entspricht, sind Probleme wie menschlich verursachter Klimawandel, Armut und Migration gelöst. Dieser Lebensstil und neue Biotechnologien versetzen uns in die Lage, den Schaden, den die Generationen vor uns dem Planeten zugefügt haben, allmählich zu beheben.

Wir steuern als Menschheit nicht mehr auf die technologische Singularität zu, sondern auf die technologische Kollektivität.

Die technologische Kollektivität markiert jenen Punkt, ab dem die Menschheit auf Basis eines globalen digitalen Betriebssystems friedlich und ohne neue Umweltbelastungen zusammenlebt und der Planet genesen kann.

Wir führen dabei den Kampf um die Wahrheit und die Demokratie unaufhörlich weiter, auch wenn dieser Kampf schwierig bleibt.

Anders beten

»Wir brauchen eine ethische Durchdringung von Wissenschaft und Ökonomie von innen heraus.« Dieser Satz stammt von Karl-Heinz Brodbeck, einem emeritierten Professor für Volkswirtschaftslehre, Statistik und Kreativitätstechnik.

Brodbeck war einer der Hauptredner eines bemerkenswerten Kongresses, der in Kirchzarten im deutschen Baden-Württemberg im Oktober 2019 zum ersten Mal stattfand. Der Titel dieses Kongresses lautete *Wirtschaft und Spiritualität, unternehmerischer Erfolg und Mitmenschlichkeit*. Es war eine mit mehreren hundert Vor- und Querdenkern hochkarätig besetzte Veranstaltung.

Redner kamen aus der Wirtschaft und dem Journalismus, es waren aber auch Psychiater und Psychotherapeuten, Philosophen, Künstler und Rechtswissenschaftler unter den Gästen. Diskutiert wurde über Themen wie Spiritualität, Achtsamkeit, Selbstbestimmtheit, innere Erfüllung, Unternehmensphilosophie und Vertrauen. »In einer Welt, in der das Geld zur neuen Religion geworden ist, müssen wir uns an die wahren Wurzeln der Spiritualität erinnern«, sagte Brodbeck.

Blandina Kalmbach ist Geschäftsführerin eines Instituts, das seit mehr als drei Jahrzehnten Unternehmer und Manager aus aller Welt mit Fachwissen aus Kinesiologie, Therapie, Bewusstsein und Spiritualität versorgt. Sie war eine der Mitveranstalterinnen des Kongresses und weiß, wie schwierig es ist, über die für sie zwingend notwendige Verbindung von Wirtschaft und Spiritualität zu sprechen. Wer hat da Angst vor wem? Die Wirtschaft vor dem Spirituellen? Oder etwa umgekehrt?

»Auch in spirituellen Kreisen gibt es nach wie vor tiefe Berührungsängste mit der Wirtschaft, und es ist in vielen Fällen eine Frage des Selbstbewusstseins«, sagt sie. »Wir beobachten oft eine innere Haltung, die der Wirtschaft wie selbstverständlich ein Übergewicht an Kompetenz zuschreibt, und die davon ausgeht, dass es ohnehin keine gemeinsame Sprache geben kann.«

Kalmbach kämpft für ein Hineinwachsen in ein mitmenschliches, zukunftsfähiges Unternehmertum, das Spiritualität nicht abspaltet, sondern Bewusstsein, Sinnhaftigkeit und Würde in den wirtschaftlichen Alltag integriert. Was es dafür braucht, sind einerseits mehr spirituell erwachsene Führungskräfte, die den integralen Ansatz selbstbewusst verkörpern und in die Welt tragen, andererseits »eine lebendige, zeitgemäße Spiritualität, die keine Flucht vom Marktplatz, kein Paralleluniversum und keine

Privatsache ist, sondern ein integraler Bestandteil einer gesunden Unternehmenskultur.«

Wie dringend beides nötig ist, formulierte in Kirchzarten der Unternehmensberater Hans-Jürgen Lenz auf Basis persönlicher Erfahrungen. »In unserer Arbeit mit Tausenden von Menschen, von Friseursalons bis zu Großkonzernen, begegneten wir vielen Menschen, die, wenn wir ihnen in die Augen blickten, innerlich leer wirkten und nicht wirklich von ihrem Tun erfüllt waren«, sagte er. »Es hatte den Anschein, als wäre niemand mehr zuhause. Menschen, die nur noch funktionieren, sind wie Bioroboter. Oft sind wir Unternehmenskulturen begegnet, die ausschließlich von Effizienz, Konkurrenz, Regeln, Egoismus und Gewinnmaximierung geprägt waren und deren Führungskräfte darüber ganz vergessen hatten, dass sie mit Menschen zusammenarbeiten.«

Schöner leben

Ein politisch-philosophisch-spirituelles Konzept, das im Grunde all dem, was jetzt gefordert oder zumindest erhofft wird, entspricht, ist bereits in zwei Ländern politisch beschlossen. Es heißt *Buen Vivir* (zu Deutsch: schönes Leben) und hat es in Ecuador und Bolivien sogar in den Verfassungsrang geschafft. Nicht der Mensch ist dabei das Zentrum von allem, sondern alles, was existiert. Ich bin, weil ihr seid, lautet der Grundgedanke, und wir sind aufeinander angewiesen, im Kleinen wie im Großen. Die Erde ist das Lebensganze, ohne das wir alle nicht wären.

Der Mensch soll gemäß *Buen Vivir* gut leben, aber dieses »gut« hat nichts mehr mit der Idee von einem Konsumparadies zu tun, sondern es ist post-kapitalistisch und post-modern und meint schlicht ein selbstbestimmtes Leben in Würde. Der Mensch hat das Recht auf Nahrung und Wasser sowie auf Gesundheit und Bildung. Aber auch die Natur hat Rechte, und die Rechte von Mensch und Natur bedingen und ergänzen einander.

Das Konzept *Buen Vivir* ist mehr als eine Sozialutopie. Den Anforderungen der Realpolitik hält es allerdings auch nicht stand. Denn zwar drohen Mineralölkonzernen in den beiden Andenstaaten hohe Schadenersatzzahlungen wegen Ölförderungen im Amazonasgebiet. Doch gleichzeitig geht der brutale Raubbau an den Bodenschätzen beider Länder weiter. Die Grenze des *Buen Vivir*, des guten Lebens, und womöglich aller anderer im Raum stehenden Alternativen, scheinen wie so oft die Macht und die Gier zu sein.

Das bedeutet, dass der nächste Crash kommen wird und wenn wir ihn überleben, wird die Frage nach einer neuen Wirtschaft für die Welt noch drängender im Raum stehen als jetzt. Wie sie aussehen müsste, hat der Musiker und Unternehmensberater Beck ebenfalls in seinem während der Corona-Krise aufgenommenen Video mit weißer Kreide an eine schwarze Wand gezeichnet.

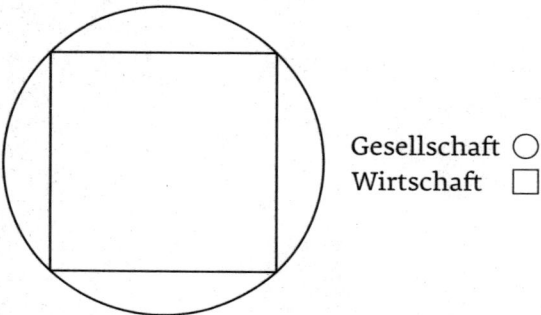

Gesellschaft ○
Wirtschaft □

Bisher ist die Monsterwirtschaft rücksichtslos und brutal dem biblischen Aufruf »Macht euch die Erde Untertan« gefolgt. Jetzt müssen wir als Gesellschaft einen neuen Aufruf formulieren »Machen wir uns die Wirtschaft Untertan«.

Doch wie schaffen wir das bei all der Gier, bei all den Machtinteressen, bei all dem Egoismus und bei all den alten neoliberalen Reflexen? Bleibt uns letztlich doch nur, uns selbst als Problem mit biologischem Ablaufdatum zu betrachten und für die Zukunft des Planeten nach uns zu hoffen, dass neue Generationen mit einer neuen Denkart schnell genug heranwachsen und dass der Planet so lange durchhält?

WARUM DIE VERÄNDERUNGEN AUS UNS SELBST KOMMEN MÜSSEN

Die Globalisierung macht unsere Gesellschaft zunehmend fragmentierter. Um den technologischen Fortschritt und das rasche Wachstum wissenschaftlich einordnen zu können, ist die Komplexitätsforschung entstanden. Einer ihrer bekanntesten Protagonisten ist der österreichische Forscher Stefan Thurner, der auf der Basis von Daten Gesellschaften, Finanzsysteme, Gesundheitssysteme und das Klima analysiert. Im Zentrum von Thurners Forschung steht die Frage, ob und unter welchen Umständen sich eine Gesellschaft radikal verändern kann. Sein Befund ist eindeutig: »Der allmähliche Wandel der Gesellschaft zu einer bescheideneren, post-kapitalistischen und post-konsumistischen ist nicht nur heilsam, sondern auch denkbar«, sagt er. Krisen seien Wendepunkte, wie etwa das Beispiel zweier Weltkriege zeigt. Nun könnte auch die Corona-Krise, die zu einem kollektiven Trauma geworden ist, gesellschaftliche Veränderungen auslösen.

Allerdings hat Thurner ein Hindernis für einen nachhaltigen Wandel der Gesellschaft identifiziert. Es fehle an Visionen: »Nach dem Ersten Weltkrieg erstarkte die Sozialdemokratie. Sie hatte die Regierungsform der Demokratie bereits jahrelang durchdacht und entwickelt. Es gab also ein klares Konzept, dem konservative Kräfte gegenüberstanden, die an der alten Regierungsform festhalten wollten. Dann kam der Zweite Weltkrieg und danach bauten die Menschen nicht das Alte wieder auf, sondern gleich das Neue. Damit konnten sie die folgenden Jahrzehnte neu und besser gestalten. Wo sind heute die klaren, großen Visionen?«

Ideen, wie sich die Gesellschaft verändern könnte, gibt es viele. Einige davon haben wir im vergangenen Kapitel beschrieben. Viel zu oft bleiben sie allerdings in der Schublade stecken und werden nicht umgesetzt. Die Veränderung der Gesellschaft hat keine Lobby, die für sie auf den Straßen der großen Metropolen die Fahnen schwingt. Beharrungskräfte sind häufig stärker als die Veränderung. Auch die Corona-Krise zeigt, dass der Wunsch nach Veränderung schwächer ist als die Hoffnung, dass alles wieder wird, wie es einmal war.

Wir drehen uns im Kreis. Die Zentralbanken unterziehen die Wirtschaft einer Zwangsbeatmung namens Nullzinspolitik. Doch der Patient stirbt. Etablierte Systeme haben die Tendenz, sich zu erhalten. Koste es, was es wolle.

Wo können wir also ansetzen? Wie können wir unser komplexes Wirtschaftssystem ändern, ohne ein globales Chaos auszulösen? Und wer steht in der Verantwortung, die Veränderung herbeizuführen?

Fangen wir bei uns selbst an

Große Veränderungen können nur aus dem Inneren einer Gesellschaft entstehen. Und Gesellschaften bestehen aus Individuen. Fangen wir also bei uns selbst an. Sich selbst zu verändern, ist nicht nur einfacher als gleich eine ganze Gesellschaft zu verändern. Es wirkt auch erfüllend. Stellen wir uns dazu drei Fragen.

Was ist der Sinn meines Lebens?
Was empfinde ich als meinen inneren Auftrag?
Wie kann ich ihn erfüllen?

Wer diese Fragen für sich beantwortet und dementsprechend handelt, beeinflusst ganz automatisch andere Menschen in seiner Umgebung. Verändern wir uns und unsere Arbeitsweise, wird sich die Wirtschaft mit uns ändern. Und mit der Wirtschaft die Welt.

Unsere Sinnsuche beeinflusst alle um uns herum

Viele Menschen denken, dass sie alleine nichts bewirken können. Doch ändern sich viele Individuen, entfesseln sich gewaltige Kräfte. In einer bahnbrechenden Studie haben die amerikanischen Psychologen Bibb Latané und John M. Darley gezeigt, dass sich Menschen an anderen Menschen orientieren. Am liebsten an denen, die gewaltige Überzeugungskraft ausstrahlen.

Für ihre Studie führten die Wissenschaftler eine Versuchsreihe durch, die später weltbekannt wurde. In einem Raum waren vier Personen platziert, von denen nur ein Proband ahnungslos war. Die anderen drei Teilnehmer waren Lockvögel. Die Wissenschaftler füllten den Raum mit Rauch, der bei den Teilnehmern den Eindruck erwecken musste, dass es im Gebäude brennt, in Wahrheit aber ungefährlich war. Das Ergebnis verblüffte die Forscher. Wenn die drei Lockvögel trotz des Rauches auf ihren Stühlen sitzen blieben, regte sich auch der Proband trotz der vermeintlichen Gefahr nicht. Menschen, das zeigte dieses Experiment, lassen sich selbst in Extremsituationen von anderen Menschen beeinflussen, sofern sie Selbstbewusstsein und Überzeugungskraft ausstrahlen.

Das kennen wir auch aus dem Alltag. Das renommierte Wissenschaftsmagazin *Nature* hat statistisch belegt, dass sich Hausbesitzer, deren Nachbarn eine Photovoltaik-Anlage auf ihrem Hausdach verbaut haben, überproportional häufig zu derselben Anschaffung entscheiden. Dass ein anderer Mensch, der uns nah ist, an eine Sache glaubt, ist das überzeugendste Argument, das es gibt.

Fangen wir also an, uns die oben genannten drei Fragen zu stellen, und offen darüber zu reden. Folgen wir dabei unserer inneren Überzeugung und die Menschen in unserer Umgebung werden es auch tun. Wer überzeugt ist, inspiriert andere. Er lebt nicht nur ein Leben, das ihn selbst erfüllt, sondern er leistet einen Beitrag für das Wohl der Gesellschaft.

Doch warum kommt diese Entwicklung nicht in Gang? Wieso sind wir häufig von Dingen überzeugt und handeln am Ende ganz anders? Psychologen nennen dieses Phänomen kognitive Dissonanz. Wir wissen, was richtig wäre, tun es aber nicht. Wir wissen, dass schneller Konsum und übermäßiger Verbrauch schädlich sind, stoppen ihn aber nicht.

Die Chancen der Krise

Das Neue ist noch zu schwach, um das Alte zu verdrängen, und das Alte ist noch zu stark, um sich verdrängen zu lassen. Das Coronavirus trifft auf eine verunsicherte Gesellschaft, die durch tägliches Entertainment und die Verlockungen unserer Konsumgesellschaft ausgebrannt ist. Corona zwingt uns in der denkbar brutalsten Form zum Innehalten. Diese Krise kann dazu beitragen, dass sich in Zukunft mehr Menschen auf die wichtigen Dinge im Leben besinnen.

Viele Menschen hatten auf einmal Zeit, nachzudenken, und taten es auch. Sie brachen mit allen Traditionen und Dogmen und fragten sich, was sie eigentlich brauchen, um glücklich zu sein.

Sich dieser Frage zu stellen ist mehr als ein neuer Spleen der Bildungsbürger, die neben Golf- und Yogakursen gerne auch mal ein Selbstfindungsseminar besuchen. Es ist auch mehr als nur eine Rebellion gegen das Alte. Diese existenzielle Frage weist uns den Weg zu einem neuen Leben, das mehr Türen öffnet als es Chancen zerschlägt.

Wer einmal begriffen hat, was der Sinn seines Lebens ist und sich selbst neujustiert, der bewegt sich in einer Art Vorsehung. Alle Dinge, die sonst nie geschehen wären, ergeben plötzlich Sinn und dienen einem Zweck, nämlich die eigene Erfüllung zu verwirklichen. Es entstehen Zufälle und Begegnungen, die man sich vorher nicht erträumt hätte.

Wenn viele Menschen wissen, was der Sinn ihres Lebens ist, kann aus dem Inneren der Gesellschaft eine neue Wirtschaft entstehen. Diese Wirtschaft würde automatisch ihrem eigenen Sinn entsprechen, also den Menschen und der Natur dienen. Die Wirtschaft, der wir uns unterordnen, würde sich allmählich uns unterordnen. Jeder profitiert von den Leistungen der anderen. Die neue Wirtschaft würde alle Bürger einer Stadt, einer Region, eines Landes, eines Staates und sogar über Kontinente hinweg mit einem gemeinsamen Projekt verbinden. Die Menschen würden ein neues Vertrauen entwickeln, das alle Herausforderungen der Zukunft lösbar macht.

Burger ohne Fleisch

Es gibt auf der ganzen Welt Unternehmer, die ihr Geschäft auf einem inneren Lebensziel aufgebaut haben. Einer von ihnen heißt Karl Schillinger und stammt aus der kleinen niederösterreichischen Gemeinde Großmugl. Schillingers Familie besaß über mehrere Generationen hinweg eine Landwirtschaft, zu der auch ein Gasthaus gehörte. In seinem Buch *Schwein ohne Schwein – Das Tierliebe-Kochbuch* schildert Schillinger eindrucksvoll, wie er irgendwann den Schutz des Tierwohls als seinen inneren

Auftrag identifizierte. Tierliebe wurde zu Schillingers Geschäftsidee. Das Geschäft musste sich diesem Anspruch unterordnen.

In einem ersten Schritt stellte Schillinger seine Küche auf vegane Speisen um. Eine Entscheidung, die in den 1980er-Jahren auch im städtischen Wien auf Protest gestoßen wäre. Im bürgerlichen Großmugl galt sie aber als mittlere Frechheit. Schillingers Stammgäste waren schließlich keine jungen Städter, die Tierschutz, Rohkost und Nachhaltigkeit in den Mittelpunkt ihres Daseins stellten. In das Landgasthaus kamen Bauern und Landarbeiter, die lautstark Fleisch auf dem Teller einforderten.

Schillinger ließ sich von diesen Ritualen nicht beirren, im Gegenteil. Er setzte seine Überzeugungen mit Erfolg durch. Vermutlich hatte er die Worte des Psychoanalytikers Viktor Frankl wahrgenommen, der einmal sagte: »Wer um einen Sinn seines Lebens weiß, dem verhilft dieses Bewusstsein mehr als alles andere dazu, äußere Schwierigkeiten und innere Beschwerden zu überwinden.«

Statt die Schweine der familieneigenen Landwirtschaft zu schlachten, entwickelte Schillinger als einer der ersten Österreicher vegane Alternativen zu den Gerichten, die er normalerweise in seinem Landgasthaus auftischte. Sein fleischloses Cordon bleu wurde bald legendär, genauso wie sein veganes Wiener Schnitzel, das Martinigansl ohne Gansl und sein Gulasch ohne Rind. Über die Zeit reisten Gäste aus verschiedenen Ländern nach Großmugl, um die vegane Landhausküche zu kosten.

Schillinger hat mittlerweile auch in der internationalen Tierschutzszene einen Namen. Prominente Tierschützer wie die Schauspielerin Pamela Anderson jetteten bereits von Kalifornien nach Großmugl.

Durch die Aufmerksamkeit hat der Gastronom, der nach der Schule einige Zeit als Daytrader gearbeitet hatte, längst Strahlkraft über Großmugl hinaus entwickelt. Seit 2015 betreibt er mit seiner Frau die vegane Burger-Kette *Swing Kitchen*, die inzwischen neun Filialen umfasst und auf eine riesige Nachfrage stößt. Nebst fünf Geschäften in Wien besitzt Schillinger jeweils ein Lokal in Graz und der Schweizer Hauptstadt Bern sowie zwei Filialen in Berlin. Zudem planen die Schillingers, auch nach England, Holland, Belgien und Skandinavien zu expandieren. Das Konzept funktioniert, weil Schillinger den Zeitgeist getroffen hat. Wer in einer *Swing Kitchen*-Filiale isst, so lautet die Botschaft, trägt aktiv zu mehr Tierwohl und Umweltschutz bei. Eine brillante Werbestrategie und der Beleg dafür, dass der Erfolg von ganz alleine kommt, wenn man sich einer Mission verschreibt.

»Man kann auch eine Firma schaffen, bei der Profit ein Nebenprodukt ist, nicht das Ziel«, sagte einmal der bengalische Wirtschaftswissenschaftler und Nobelpreisträger Muhammad Yunus. Ähnlich denkt auch Karl Schillinger. In einem Interview mit den *Niederösterreichischen Nachrichten* erzählte er, dass nicht Geld die oberste unternehmerische Prämisse für ihn sei, sondern sein Kampf für das Tierwohl. »Um möglichst viel Tierleid zu verhindern, müssen wir möglichst

vielen Menschen die Gelegenheit geben, bei uns zu essen«,
so Schillinger. Er will ausdrücklich nicht bekehren, sondern
ist stolz darauf, dass mittlerweile achtzig Prozent der *Swing
Kitchen*-Gäste keine Veganer sind. »Würden nur Veganer zu
uns kommen, würden wir das nicht machen«, sagt er, »denn
so könnten wir kein Tierleid vermeiden.«

Sinnerfüllung macht gesund

Untersuchungen haben ergeben, dass Menschen, die einem Plan folgen, erfolgreicher sind. Dieser Befund trifft
selbst dann zu, wenn der Plan selbst unlogisch ist. Falsche
Pläne gibt es nicht, solange wir ihnen aus innerer Überzeugung folgen.

Ein Beleg für diese These ist das Verhalten von Aktien-
investoren an der Börse. Wer bei seinen Investments einem
beliebigen Plan folgt, und sei dieser noch so unlogisch, ist
statistisch gesehen erfolgreicher als Investoren, die plan-
los agieren und ständig ihre Investmentstrategie ändern.
Wissenschaftler erklären sich diesen verblüffenden Befund damit, dass langfristige Pläne vor emotionalen Über-
sprungshandlungen wie Gier oder Angst schützen.

Den Sinn des Lebens zu erkennen, und nach ihm zu handeln, wirkt sich deshalb nicht nur positiv auf unsere be-
rufliche Entwicklung aus. »Die Medizin beginnt gerade zu
verstehen, dass der Sinn des Lebens klinisch relevant ist«,
sagen etwa Awais Aftab von der University of California in

San Diego und sein Kollege Dilip Jeste. »Viele denken eher aus einer philosophischen Perspektive über dieses Thema nach, doch es könnte auch Einfluss auf die Gesundheit und vielleicht sogar die Lebensdauer haben.« Das gilt vor allem für junge Menschen, die sich die Sinnfrage stellen, und für ältere Menschen, die ohne erfüllenden Lebenssinn zu verfallen drohen.

Wie beides miteinander zusammenhängt, ist noch immer Gegenstand vieler Studien. Eine Erklärung ist, dass Menschen als soziale Wesen geboren werden und positive Verhaltensweisen mit Dopamin-Ausschüttungen im menschlichen Hirn belohnt werden. Wer an das Wohl anderer Menschen denkt, ist zufriedener und wird mit Wohlbefinden belohnt. Wer vor allem an sich denkt und als Egoist durchs Leben schreitet, ist unglücklicher und lebt ungesünder.

Mach deinen Beruf zu deiner Berufung

Für viele spirituelle Bewegungen gilt die Sinnfindung, auch »Berufung« genannt, als würdigste aller Aufgaben, vor die der Mensch während seines Lebens gestellt wird. In der katholischen, der jüdischen und der islamischen Tradition ist die Berufung ein Privileg, das Gott ausschließlich Propheten und Priestern zugestanden hat. Martin Luther generalisierte diesen Gedanken und erweiterte ihn auf die gesamte Menschheit. Jeder Mensch, so Luther, sollte seine innere Berufung, seine Qualitäten und seine Fähigkeiten in den

Dienst der Gesellschaft stellen. Für Luther war jeder Beruf, den jemand im Sinne der persönlichen Berufung ausübt, ein Gottesdienst. Auch der Dalai Lama als geistiges Oberhaupt der Tibeter vertritt die Haltung, dass sich die Welt nicht durch Beten und Meditieren ändern lässt, sondern durch Handeln.

Unser aktuelles Wirtschaftssystem ist der größte Gegner eines sinnerfüllten Lebens, indem es den Konsum zum Lebensinhalt macht. Die Monsterwirtschaft verhindert geradezu, dass die Menschen ihren inneren Auftrag erkennen. Freie und selbstmächtige Menschen lassen sich allerdings schlechter ausbeuten.

Menschen, die ihrem inneren Auftrag folgen, wachsen über sich hinaus und entwickeln ein neues Selbstbewusstsein. Schuster, Tischler oder Verkäuferinnen sehen sich auf Augenhöhe mit Politikern und Firmenbossen, weil sie erkennen, dass ihre Arbeit ebenso wertvoll ist. Oder, um es mit Luther auszudrücken, genauso gottgewollt. Denn eine Stallmagd, die ihrer Berufung folgt, ist einem Fürsten ebenbürtig. So formulierte es die Theologie. In einer Wirtschaft, in der jeder seinem Sinn folgt und seine Schaffenskraft in den Dienst der Gesellschaft stellt, entsteht automatisch ein demokratisches Miteinander.

Eine solche Wirtschaft wäre nicht das Ende für Politiker und Firmenbosse, im Gegenteil. Ein innerer Auftrag ist das Gegenteil von Machtansammlung und Bereicherung. Politiker, die ihrem inneren Auftrag folgen, müssten nicht um jeden Preis wiedergewählt werden, sondern würden der

Gesellschaft dienen. Populismus, Demagogie und falsche Versprechen würden abgeschafft.

Firmenbosse würden in so einer neuen Wirtschaft die Herstellung sinnvoller Produkte und das Entstehen guter Arbeitsplätze vor den profitgetriebenen Wettbewerb, vor Macht und vor Wachstum stellen. Sie würden die Natur nicht als Ressource ausbeuten, sondern als gleichberechtigtes Mitglied betrachten, das seine Materialien der Allgemeinheit zur Verfügung stellt.

Das darwinistische Recht des Stärkeren ist längst überholt

Die Monsterwirtschaft und ihre Vertreter hängen einem längst überholten darwinistischen Weltbild anheim, in dem nur der Stärkste überlebt. Sie schaffen einen Markt der brutalen Konkurrenz. Die Vorstellung einer friedvollen und sanften Welt verstört sie. Es ist ein schiefes Bild.

Denn die Kraft ist für ein soziales Wesen wie den Menschen nicht die entscheidende Eigenschaft. Auf uns alleine gestellt, sind wir schwach. Nackt und in der freien Wildbahn ausgesetzt, würden wir nicht lange überleben. Wir sind nicht besonders schnell, haben keine Krallen und unser Gebiss ist im Vergleich zu anderen Vertretern der Natur schwach. Wir überleben dank Anpassungsfähigkeit, Flexibilität und Resilienz.

Was uns besonders stark macht, ist unser Gemeinschaftssinn. Er hat es vollbracht, dass wir allen Widrigkeiten der vergangenen Jahrtausende entsagt sind. Wir können besser zusammenarbeiten als die meisten anderen Tiere, wir kommunizieren und wir verstehen einander, wenn wir wollen. Wir können aufeinander eingehen und uns in andere Menschen hineinversetzen. Empathie, Liebe und der Wunsch nach einem sinnerfüllten Leben zeichnen uns aus.

Wenn wir diese einzigartigen Fähigkeiten nutzen und nach einer Harmonisierung mit Umwelt und Natur streben, werden unsere Unternehmen nicht schwächer werden, sondern stärker.

Wenn Macht- und Profitstreben verschwinden, verschwinden auch große Konzerne und Monopole. An ihre Stelle treten Konglomerate selbstbestimmter und freier Wirtschaftsformen, die von Menschen gemacht und für die Menschen geschaffen sind. Sie verlieren sich nicht in abstrakte Zahlenspiele, sondern verwirklichen gemeinsame Ideen.

Rückzug und Askese

Die Fragen, um die es in diesem Buch geht, stehen also nicht nur am Anfang einer persönlichen Entwicklung zu einem besseren und zufriedeneren Leben. Sie können auch zum Ausgangspunkt einer Revolution werden, an deren Ende eine neue Wirtschaft steht.

Was ist der Sinn meines Lebens?
Was empfinde ich als meinen inneren Auftrag?
Wie kann ich ihn erfüllen?

Antworten auf diese komplexen Fragen zu finden war noch nie so wichtig wie jetzt, in einer Zeit, in der die Probleme, vor denen wir stehen, riesig sind. Es geht nicht mehr um bloße Erfüllung. Es geht ums Überleben.

Uns die drei Fragen zu stellen bedeutet mehr, als bei einem längeren Spaziergang über das Leben zu philosophieren. Es reicht nicht, wenn wir für einen Tag unsere Handys ausschalten und in uns gehen. Wenn wir unser Leben jetzt nicht grundlegend ändern, bleiben die Zwänge, die uns jeden Tag übermannen, die gleichen. Was also tun?

Wir sollten einmal innehalten und für einige Momente auf den Konsum verzichten, der sonst unser Leben dominiert. Der Fleischindustrielle Karl Ludwig Schweisfurth entdeckte den Sinn seines Lebens nicht zufällig in einem Kloster. Der Rückzug von der Oberfläche der Welt machten für ihn den Weg frei für Veränderungen.

Der Investment-Banker Gerald Hörhan stellt in seinem Buch *Investment Punk – Warum ihr schuftet und wir reich werden* fest, dass Geld für ihn kein Luxus mehr ist. Zeit und Aufmerksamkeit sind sein wichtigstes Privileg.

Dazu ein Beispiel: Wer eine Luxusjacht besitzt, muss sich um einen Liegeplatz, um eine Schiffscrew und um eine Versicherung kümmern. Dafür benötigt er eine ganze Mannschaft, viel Zeit und jede Menge Aufmerksamkeit. Dazu kommt die ständige Angst, dass das Objekt der Begierde geklaut oder beschädigt werden könnte. So viel Zeit, die Jacht einfach zu genießen, bleibt am Ende gar nicht mehr.

Konsum lenkt ab. Wir konsumieren nicht nur Lebensmittel, sondern dank *Facebook, Instagram* oder *Tinder* auch einen unendlichen Strom an Informationen. Sie machen uns taub und blind dafür, worum es im Leben wirklich geht. »Der Luxus treibt den Menschen nicht zu einer einzigen Tugend an, sondern stumpft alle besseren Gefühle in ihm ab«, sagte schon Friedrich der Große, König von Preußen, zu Lebzeiten.

Immer mehr Menschen spüren das. Nicht erst seit Corona hat sich der Minimalismus zu einem stilprägenden Trend entwickelt. Menschen entrümpeln ihre Wohnungen, sie hinterfragen ihre Luxus-Einkäufe und sie teilen über Sharing-Plattformen. Gleichzeitig wirkt die Corona-Krise wie ein Katalysator. So viele Menschen entmisteten im Lockdown, dass die Stadtverwaltungen mit der Mülltrennung nicht mehr hinterherkamen.

Das Goethe-Institut in München veröffentlichte jüngst einen Beitrag mit dem Titel *Ballast abwerfen.* »Eine ganze Bewegung von Minimalisten strebt nach einer Vereinfachung des Lebens durch konsequentes Weglassen«, steht darin. »Minimalisten brechen aus dem Kreislauf des Konsumierens und Bewahrens aus und befreien sich von den Alltagszwängen, die Konsum mit sich bringt. Denn viel zu haben, kann zur Last werden, weil Kauf, Pflege, Unterbringung und schließlich Entsorgung Zeit, Geld und Energie kosten. Und nicht zuletzt bedeuten die unzähligen Dinge auch Ablenkung.«

Die neue Freude am Minimalismus hat einen neurochemischen Hintergrund. Wir sind süchtig nach dem Glückshormon Dopamin. Exzessiver Konsum wirkt wie ein Dopamin-Feuerwerk. Wenn wir eine neue Uhr kaufen oder ein neues Auto fahren, sind wir für den Moment glücklich. Werbestrategen nutzen diese Hormonausschüttung, indem sie den Kauf von teuren Produkten zu Symbolen für Erfolg und Intelligenz vermarkten. Der Konsument fühlt sich dann bestätigt. Das Dopamin-Level steigt und treibt uns an, noch mehr zu konsumieren. Ähnlich wie bei einem Heroin-Abhängigen werden die Glücksgefühle mit der Häufigkeit der Anwendung immer kürzer. Wir jagen den Gefühlen hinterher und vergessen, dass sie uns keine anhaltende Befriedigung bieten.

Im Silicon Valley ist man längst schlauer. Dort hat sich das sogenannte Dopamin-Fasten etabliert. Menschen, die sonst von der Digitalisierung leben, gehen eine Weile allen virtuellen Stimuli aus dem Weg. Sie verzichten auf Likes, Streams und Postings. Hardcore-Asketen verzichten sogar auf reale Begegnungen, weil auch die den Dopamin-Haushalt ankurbeln. Stattdessen gehen sie spazieren, trinken Wasser und schreiben Tagebuch.

Der Gegenstand zum Konsumwahn erfreut sich einer immer größer werdenden Gefolgschaft. Menschen reduzieren ihr Eigentum oder machen digitale Entgiftungskuren. Sie beschränken sich auf die wichtigen Dinge des Lebens und wählen intuitiv einen Weg, der sich Askese nennt.

Hat sich Askese über Jahrhunderte hinweg als Erfolgsrezept vieler religiöser und spiritueller Bewegungen bewährt, genießt diese Form der Selbstdisziplinierung in der Monsterwirtschaft einen schlechten Ruf. Dort werden Asketen als Spinner diskreditiert, die sich ihrer eigenen Potentiale berauben. Aber wer es einmal geschafft hat, ein wenig Abstand zum lauten Hintergrundrauschen der Konsumwelt zu nehmen, weiß, wie gut sich das anfühlt. Die Askese ermöglicht uns eine Begegnung mit uns selbst. Sie ist die schönste und wichtigste aller Begegnungen, zu denen wir in der Lage sind.

Bei dieser Begegnung können wir uns selbst beobachten und ehrlich reflektieren. Wir können Antworten auf ein paar Fragen finden, die uns an die Antworten auf die großen Fragen heranführen.

Was tue ich gerne?
Wobei fühle ich mich gut?
Worin entwickle ich mich?
Was habe ich schon immer gerne getan?
Was würde ich auch tun, wenn ich kein Geld dafür bekäme?

Wer den Sinn seines Lebens entdecken will, muss seinen Talenten folgen. Er muss ihnen vertrauen und sich von ihnen führen lassen (siehe dazu auch das folgende Kapitel von Josef Zotter). Er braucht Aufmerksamkeit, Einfühlungsvermögen in sich selbst und Ehrlichkeit, diese Fragen zu beantworten. All das führt uns in das vielleicht größte Abenteuer, das das Leben übrig hat. Wir erkennen dabei, was hinter den Konsumkulissen der Monsterwirtschaft ist. Wer und wie sind wir wirklich? Wer wartet dort schon die ganze Zeit auf uns? Es gibt noch ein paar weitere Fragen, die wir uns bei diesem Abenteuer stellen können.

Was gibt mir Kraft, statt mich Kraft zu kosten?
Wodurch eröffnen sich Möglichkeiten, an die ich nie gedacht hätte?
Wobei kommt, wenn ich etwas gebe, von ganz anderer
Seite etwas zurück?
Wofür bekomme ich stille Bestätigung von anderen?
Was bringt meine Inspiration in Gang?
Aus welcher guten Handlung entwickeln sich noch
weitere gute Taten?
Was muss ich tun, damit sich alle möglichen Dinge, die sonst
nie geschehen wären, ereignen und mir helfen?
Was von allem, das ich tue, setzt am ehesten einen
Strom von Ereignissen in Gang?
Was produziert Zufälle zu meinen Gunsten?
Was führt zu Begegnungen und materiellen Hilfen,
mit denen ich gar nicht gerechnet hätte?
Wo spüre ich Erfüllung und Sinn?

Wenn wir etwas tun, das uns Energie gibt, können wir dieser Energie folgen. Wenn wir eines Abends nach Hause kommen mit dem Gefühl, einen erfüllten Tag erlebt zu haben, können wir diesem Gefühl nachspüren und herausfinden, wo es seinen Anfang genommen hat. Wenn uns unerwartet etwas Wundervolles passiert, können wir uns überlegen, was wir getan haben, um diesen scheinbaren Zufall zu ermöglichen. Wir müssen uns nur darauf einlassen, unsere Wirkung auf die Umwelt bis in die kleinsten Sätze, Worte, Gesten und Zeichen hinein zu beobachten, und müssen mutig sein für Neues. Wir müssen handeln und beobachten, uns in kleinen Schritten anpassen und werden eines Tages ganz deutlich feststellen, was unser innerer Auftrag ist. Wenn wir ihn gefunden haben, werden wir zufrieden mit uns sein.

Unser Weg beginnt mit der Konzentration auf das Wesentliche, etwa mithilfe der Askese. So befreien wir uns von dem, was uns die Monsterwirtschaft und die Konsumgesellschaft aufgedrängt haben. Dann müssen wir uns in Reflexion üben, um in die Tiefen unseres Wesenskerns vorzudringen. Am Ende dieser abenteuerlichen Reise werden wir belohnt mit dem Sinn und Zweck unseres Daseins und wir erkennen, dass es die Übung und Disziplin, die wir dafür aufgebracht haben, mehr als nur wert war.

Unternehmer, Manager, Mitarbeiter und alle,
die Wirtschaft machen, sollten beten, in dem Sinne,
dass sie den Blick nach innen richten, auf den Sinn
ihres Lebens. Es geht nicht um Religiosität oder um Religionen.
Es geht vielmehr um das Entdecken des individuell
Göttlichen, das jedem Menschen innewohnt, und das ihn,
wenn er ihm folgt, erfolgreich, zufrieden und eins
mit dem Planeten macht. Was wir in der Wirtschaft am
dringendsten brauchen, ist eine
spirituelle Revolution.

Wenn wir nach unserem inneren Auftrag handeln, wollen wir gar nicht fertig werden. Etwas Sinnvolles zu tun, ist das größte Privileg, das das Leben uns schenkt. Es ist mehr wert als jede Jacht und jeder Privatjet, ja, mehr als es materielle Dinge jemals sein können.

Jeder Mensch ist einzigartig, mit seiner individuellen Lebensgeschichte, seinen Bedürfnissen und Wünschen, seiner Biologie und seinem Bewusstsein. Für jeden Menschen gibt es einen persönlichen Weg, den nur er beschreiten kann. Die Karte, mit der wir auf diesem Weg navigieren, liegt in uns selbst.

Wenn wir unseren inneren Auftrag zum Zentrum unseres Lebens machen, passiert genau das, was der Dichter und Bergsteiger William Hutchinson Murray einmal so beschrieben hat:

In dem Augenblick, in dem man sich endgültig einer Aufgabe
verschreibt, bewegt sich die Vorsehung auch. Alle möglichen Dinge,
die sonst nie geschehen wären, geschehen, um einem zu helfen.

Ein ganzer Strom von Ereignissen wird in Gang gesetzt durch die
Entscheidung, und er sorgt zu den eigenen Gunsten für
zahlreiche unvorhergesehene Zufälle, Begegnungen und materielle
Hilfen, die sich kein Mensch vorher je so
erträumt haben könnte.

Was immer Du kannst, beginne es.
Kühnheit trägt Genius, Macht und Magie.
Beginne jetzt.

DER WEG IN DIE ZUKUNFT
Von Josef Zotter

Wer den Sinn seines Lebens entdecken will, muss seinen Talenten folgen. Er muss ihnen vertrauen und sich von ihnen führen lassen. Ich habe selbst erlebt, wie das Leben dann ganz von selbst seinen eigenen Sinn bekommt.

Unsere Talente zeigen sich meist schon früh, bloß bemerken wir es manchmal nicht. Das liegt hauptsächlich daran, dass unser Bildungssystem an individuellen Talenten nicht interessiert ist. Es ist eher daran interessiert, alle Menschen gleich zu machen.

Meine Geschichte beginnt in der Oststeiermark der 1960er-Jahre, wo meine Eltern eine Landwirtschaft betrieben. Mir waren das Dorfleben und der landwirtschaftliche Betrieb zu eng und ohne konkrete Pläne zu haben, wusste ich, dass ich hinauswollte. Ich stellte mir vor, die Welt zu bereisen. Doch das war teuer, zeitaufwendig und strapaziös. Ein Plan musste her.

Als Bursche, der in einer Landwirtschaft aufgewachsen war, wusste ich, dass es um gutes Personal in der Gastronomie schlecht bestellt war. Gute Kellner und Köche können überall arbeiten, egal welche Sprache sie sprechen, dachte ich mir.

Also schrieb ich mich für eine Ausbildung zum Kellner, Koch und Konditor ein, noch bevor ich überhaupt wusste, ob ich ein gutes Händchen für Rezepte und Zutaten hatte. Die Gastronomie sollte mein Reisegutschein in die große weite Welt werden. Ich sah mich auf Kreuzfahrtschiffen und in Hotels rund um den Globus arbeiten.

In der Schule hatte ich nie geglänzt. Einfachste Grammatik in Deutsch war für mich die Hölle. Rechenaufgaben konnte ich recht gut lösen, alles in allem war ich aber eher ein mittelschlechter Schüler. Doch in der Küche blühte ich auf. Es fiel mir leichter als anderen, mir Rezepte einzuprägen und mit großer Hingabe Gerichte zuzubereiten. Mein sensorisches Gedächtnis half mir dabei, mir Gerüche und Geschmäcker einzuprägen.

Heute bin ich ein glücklicher Mensch. Die Guten fordern und die Schwächeren fördern wurde mein Lebensprinzip. Ohne meine Vision und den Mut, mich auf eine mir völlig neue Welt einzulassen, wäre ich vermutlich im Bildungssystem hängen geblieben und hätte meine Talente verschenkt. Heute, Jahrzehnte später, sehe ich, dass dieses Schicksal viele junge Menschen einholt. Die Gleichmacherei, das Messen aller am gleichen Maßstab und die Praxisferne im Unterricht hat meinem Empfinden nach sogar noch zugenommen.

Als im Corona-Schuljahr viele österreichische Schüler aus Protest ein leeres Blatt bei der Matura abgaben, um mit dem Jahresdurchschnitt benotet zu werden, hatte ich großes Verständnis. Nicht wegen der Pandemie. Sondern weil diese Schüler erkannt hatten, dass ihre gesamte Schullaufbahn entlang von vorgegebenen Schemas ablief und ihnen Fächer, die sie nicht interessierten, aufoktroyiert worden waren. Wieso sollten sie sich auch unnötig anstrengen, noch dazu in einer solchen Ausnahmesituation?

Nachdem ich meine Ausbildung abgeschlossen hatte, setzte ich meine Vision in die Tat um. Ich bewarb mich auf Stellen in Restaurants und Hotels in den USA und lernte Land und Kultur kennen. Weil ich tat, was ich liebte, stellte sich der Erfolg schnell ein.

Arbeit ist heute ein negativ konnotierter Begriff. Zu wenige Menschen haben einen Beruf gefunden, den sie gerne ausüben. Menschen laufen in ihrer Freizeit mühelos Marathons, quälen sich mit Mountainbikes die steilsten Berge hinauf oder stemmen freiwillig Gewichte, bis ihre Adern pulsieren. Kaum betreten sie aber ihr Büro, wird ihr Leben zum freudlosen Kampf. Jede Kiste, die sie ein Stockwerk höher tragen sollen, unterziehen sie der skeptischen Betrachtung, ob das noch arbeitsrechtlich gedeckt ist. Jede Aufgabe, sei sie noch so leicht, wird oft zur Bürde.

Aber das muss nicht sein. Frage dich lieber: Was sind deine Visionen? Hast du deine Talente bereits entdeckt und wenn ja, welche sind sie?

Wenn du die Antwort gefunden hast, dann wird es dir so gehen wie mir. Du wirst bei deiner Arbeit nicht Kraft verlieren, sondern Energie gewinnen. Die Dinge werden sich automatisch in deinem Sinn entwickeln.

Nach einiger Zeit als Koch und Patissier in Europas und in Amerikas Gastronomieszene wurde ich Patisserie-Chef des New Yorker Luxushotels *Pierre*. Gegründet 1930 von einem französischen Einwanderer namens Charles *Pierre*, der sich vom Kellner zum Hotelbesitzer hochgearbeitet hatte, ist das Haus heute eine der berühmtesten Adressen in New

York. Das *Pierre* ist eigentlich ein Sinnbild dessen, was wir erreichen können, wenn wir unseren Visionen und Talenten folgen. Allerdings fühlte sich mein Leben als Chef dort ganz anders an.

In der Oststeiermark war ich eng verbunden mit der Natur aufgewachsen. Kurz vor meinem Aufbruch nach Amerika hatte ich mich noch an den Protesten gegen den Bau eines Kraftwerks in der Hainburger Au beteiligt. Es war einer der ersten großen »grünen Proteste«, so etwas wie *Fridays For Future* der 1980er-Jahre. Naiv wie ich damals war, dachte ich, dass Menschen, die besonders reich sind, auch besonders freundlich sein müssten. Immerhin hatten sie das Glück, sich ein schönes Leben leisten zu können. Sie müssten doch, dachte ich, dankbar und zufrieden sein.

Als Chef im *Pierre* erlebte ich jedoch das Gegenteil. Wir arbeiteten in der Küche mit den teuersten, exklusivsten und extravagantesten Produkten, von Gänseleber über Kaviar bis zu Champagner und Plattgold in der Patisserie, und ich musste zusehen, wie Teller mit der Hälfte der erlesenen Gerichte wieder zurückkamen, während die Gäste schon den Nachtisch bestellten. Die Kellner servierten Flaschen mit teurem Champagner fast noch voll wieder ab, weil ein Gast seine Meinung geändert hatte und doch lieber einen bestimmten Wein aus Frankreich wollte, der nur teuer sein musste.

Der Grund dafür war jedoch nicht, dass den Gästen unser Essen und unsere Getränke nicht schmeckten. Das hätte ich vielleicht noch verstanden. Diese Leute schickten Essen und Getränke einfach deshalb fast unberührt zurück und bestellten etwas Neues, weil sie es konnten. Sie dachten nicht darüber nach, wie viel sie dabei verschwendeten. An die Tatsache, dass sich viele Menschen an den Essenresten, die wir entsorgen mussten, hätten sattessen können, verschwendeten sie keinen Gedanken.

Je länger ich dabei zusah, desto wütender wurde ich. Diese Ignoranten, dachte ich, sie fressen und saufen nur vom Besten und zerstören dabei unseren Planeten. Ich folgte zwar meinen Visionen und Talenten, dennoch konnte ich in meinem Tun irgendwann keinen Sinn mehr finden.

Viele erleben dasselbe. Es liegt an unserem Wirtschaftssystem. Es nötigt Menschen, die ihrer Begabung nachgehen, mit Verlockungen wie Karriere-Aussichten in Betrieben, die dem Planeten schaden. In jungen Jahren schon Chef im *Pierre*? Bald hätte ich mein eigenes Restaurant aufmachen können, später vielleicht sogar ein Hotel. Ich hätte reich werden und mich unter Amerikas Spitzenköchen einreihen können.

Ich verstehe alle, die solchen Verlockungen zunächst erliegen. Jemandem, der seine Talente kennt, ist es nicht zu verdenken, wenn er sie auf möglichst hohem Niveau umsetzen und möglichst viel damit bewegen will. Dennoch erkannte ich, dass ich nicht glücklich werden würde, würde ich so weiterarbeiten. Es geht nicht nur darum, was wir tun, sondern auch darum, wie und wo wir es tun. Ich liebte es, mir neue Gerichte auszudenken und mit Zutaten zu experimentieren, aber nicht unter diesen Bedingungen.

Ich wurde beinahe depressiv angesichts der Verschwendungen und Exzesse, die ich mitansehen musste. Ich erlebte eine richtige Krise. Von diesem Zeitpunkt an setzte ich mich ernsthaft damit auseinander, wie ich nachhaltig wirtschaften könnte. Schließlich beschloss ich, einen neuen Weg einzuschlagen. Schluss mit Spitzengastronomie. In einem normalen Restaurant wollte ich auch nicht mehr arbeiten.

Auf einem meiner Heimaturlaube entdeckte ich gemeinsam mit meiner späteren Frau in der steirischen Hauptstadt Graz ein leeres Geschäftslokal. Kurz entschlossen riefen wir die Nummer an, die im Fenster stand. Wenig später unterschrieben wir einen Pachtvertrag. Als es so weit war, sah ich meine künftige Frau an. »Scheiße, wir haben ein Lokal«, sagte ich. »Was jetzt?«

Ich wusste, was ich nicht wollte. Aber was wollte ich?

Ich sah mich um. Das Lokal lag in der Nähe der Universität. Also entschlossen wir uns, ein Café zu eröffnen. Es wurde aber kein gewöhnliches Café, auch kein klassisches Wiener Kaffeehaus. Bei uns gab es italienischen Illy-Kaffee, den ich aus Amerika kannte und der in Österreich damals noch völlig neu war. Auch das Tee-Sortiment erweiterten wir im Vergleich zu anderen Cafés deutlich. Damals wurde üblicherweise Schwarztee und Kamillentee angeboten. Auf unserer Karte dagegen standen mehr als vierzig Sorten. Wir wollten unseren Gästen Qualität und neue Aromen bieten.

Der Anfang war trotzdem nicht gerade einfach. Zunächst mussten wir irgendwo Geld auftreiben, um das

Lokal sanieren zu können. Wir heirateten vor allem deshalb, weil es dafür einen staatlichen Zuschuss von 15.000 Schilling gab. Eine Jungunternehmer-Förderung habe ich außerdem beantragt. Zu diesem Zeitpunkt war das Café schon fertig renoviert und ich wollte mit der Förderung die Handwerker ausbezahlen. »Und, wo ist der Businessplan?«, fragte mich der Prüfer, der uns besuchte.

Ich sah ihn mit großen Augen an. Ich konnte ihm zeigen, wie das Unternehmen funktioniert, aber das interessierte ihn nicht. Er wollte Zahlen und Tabellen sehen. Zum ersten Mal war ich mit der staatlichen Bürokratie konfrontiert, die alles tut, um Unternehmergeist zu ersticken. Letztlich reichten wir einen erfundenen Businessplan nach und bekamen tatsächlich die Förderung.

Wir standen nun da mit unserem neuen Café und brauchten nur noch Kundschaft. Die Studenten kannten uns nicht und die Professoren bevorzugten das Altbewährte. Denn das mit den Innovationen ist so eine Sache. Sie müssen sich erst durchsetzen. Als ich Espresso anbot, der damals in Österreich ebenfalls noch völlig neu war, fragte mich ein älterer Gast, was denn los sei. »Zotter«, sagte er, »kannst du dir das Wasser nicht leisten?«

Ich musste eine Entscheidung treffen. Entweder nachgeben und Sachertorte mit einem Verlängerten servieren, oder meiner neuen Vision, Qualität und geschmackliche Vielfalt in einem Café anzubieten, treu bleiben, um so vielleicht doch noch die Studenten zu erreichen. Ich entschied mich für Letzteres und startete eine PR-Aktion rund um eine Hanftorte. Damals war das noch ein spektakuläres Rezept, denn Hanf war noch lange nicht so etabliert wie heute. Sogar die Polizei tauchte bei mir auf, aber die Aktion war ein Erfolg. Wie cool ist das denn, dachten die Studenten.

1992 spielte ich in unserer kleinen Backstube auf einem zwei Meter langen Tisch zum ersten Mal mit Schokolade herum. In der Patisserie hatte ich Schokolade als Zutat verschiedenster Nachspeisen kennengelernt. Für mein Café hatte ich bereits verschiedene Sorten durchprobiert. Der erste Gedanke, der sich mir dabei aufdrängte, war: »Mein Gott, warum schmecken die denn alle gleich?« Mein zweiter Gedanke war: »Warum gibt es nur Milchschokolade und fast keine dunkle? So kommt doch ihr Geschmack gar nicht zur Geltung.«

Mir wurde klar, dass Milchschokolade dominierte, weil sie mit viel Zucker und zusätzlichen Aromastoffen angereichert ist. Das heißt, wo Schokolade draufstand, war meistens Schokolade geschmacklich gar nicht mehr drin. Der bittere, für Kakao so charakteristische Geschmack fehlte. Ich fand das absurd und entwickelte eine Sehnsucht nach richtiger dunkler Schokolade, in der sich der Kakao nicht verstecken muss. Das wurde meine neue Vision.

Ich arbeitete ohne Maschinen, nur mit der Hand. Die übliche Herstellungstechnik bestand damals wie heute darin, die Schokolade mit Früchten oder Nüssen, Milch, Zucker und den Aromastoffen in einem Topf zu verrühren. Dabei geht viel vom eigentlichen Geschmack der Schokolade verloren. Also probierte ich etwas anderes. Ich übernahm eine Technik aus der Papiererzeugung, stellte verschiedene Schichten her, zum Beispiel Schokolade und Früchte, und legte diese Schichten übereinander. Ich probierte verrückte Kombinationen aus, etwa Mohn und Zimt, Kürbiskrokant und Marzipan, oder Hanf, Rohkost und Champagner. Das war die Geburtsstunde der handgeschöpften Schokolade, die inzwischen viele Menschen kennen und lieben.

Damals war sie allerdings nur eines von vielen Produkten, die wir in unserem Café anboten. Da wir damit immer erfolgreicher wurden, entschieden wir uns, zu expandieren. Wir eröffneten ein zweites Café und bald ein drittes und viertes. In diesem Moment machten wir unseren großen wirtschaftlichen Fehler. Im Lärm unseres Erfolgs hörten wir nicht mehr auf unsere leise innere Stimme. Wir übernahmen uns. Es wurde einfach zu viel. Wir expandierten zu schnell. Unser Wachstum war nicht mehr natürlich.

Eines Tages saß ich meinem Steuerberater in seinem Büro gegenüber. »Du musst die Kosten senken, und zwar schnell«, sagte er.

Ich versuchte es, aber ich wollte nicht bei den Lebensmitteln sparen, die wir verwendeten. Es kann doch nicht sein, dass ich unseren Gästen schlechtere Sachen anbiete, nur weil ich sparen muss. Sie können schließlich nichts dafür. Schlechtere Lebensmittel passten nicht zu meiner neuen Vision.

Ich versuchte bei Licht, Wasser und Strom zu sparen, aber ich weigerte mich, Margarine statt Butter zu verwenden oder hässliche Haselnüsse statt schöne.

Es reichte nicht. 1996 waren wir pleite. Das war eines der schwierigsten Jahre meines Lebens. So vieles, das wir in den Jahren davor aufgebaut hatten, war über Nacht weg. Mir blieben nur mein Talent, neue Rezepte zu entwickeln, und eine neue Vision. Sie bestand darin, meine Schokolade weiterzuentwickeln und den Markt dafür zu revolutionieren.

»Josef, lass das mit der Schokolade«, sagte meine Frau, die immer schon die bessere Unternehmerin von uns gewesen war und sich auf Zahlen verstand, »das ist zu riskant. Dafür müssen wir wieder investieren und wir wissen nicht, was dabei herauskommt. Wir waren schon einmal pleite. Machen wir lieber mit der Konditorei weiter. Da wissen wir, wie das funktioniert.«

Natürlich hatte sie recht. Aufgeben wollte ich trotzdem nicht. »Lass uns abstimmen«, sagte ich.

Wenig überraschend endete die Abstimmung unentschieden. Sie war für die Konditorei, ich für die Schokolade.

»Hör zu, Ulrike«, sagte ich. »Ich bin schwerer. Also wiegt meine Stimme mehr.«

Wir setzten also auf die Schokolade und drei Wochen lang waren wir dabei recht schweigsam. Doch bald sah sie, wie wichtig mir die Sache war und heute lachen wir darüber.

Zunächst mussten wir uns überlegen, wo wir Schokolade produzieren konnten. Ideen hatten wir viele, aber wie sollten wir sie umsetzen? Eine Fabrik in Graz oder Umgebung kam nicht in Frage, das wäre viel zu teuer gewesen. Also zog ich zurück in die kleine Gemeinde Bergl zu meinen Eltern, wo heute auch die Zotter-Schokoladenmanufaktur ist. Mein Vater war nicht sooo begeistert. Er überließ mir den alten Kuhstall, aber er und der Rest des Dorfes sahen mich als »Pleitierer«, als jemand, der gescheitert war.

Ich hatte jedoch gelernt, auf meine innere Stimme zu vertrauen. Sie sagte mir, dass ich das Richtige tat. Jetzt, wo ich mich ganz auf die Schokolade konzentrieren konnte, konnte ich tausend bis zweitausend Tafeln pro Tag herstellen.

Damals klopften Menschen aus der Umgebung bei meiner Mutter an und fragten, ob es hier diese ungewöhnliche Schokolade gäbe. Das reichte natürlich nicht aus. Ich brauchte einen Vertrieb. Ich weigerte mich allerdings nach wie vor, bei den Lebensmitteln, die ich verwendete, zu sparen. Hinzu kam die händische Verarbeitung. Meine Schokoladen waren also schon aus diesen Gründen im Vergleich zu herkömmlichen Produkten nicht billig. Hätten auch noch Händler damit verdienen müssen, wäre ihr Preis endgültig explodiert. Ihre Qualität war jedoch der entscheidende Faktor, und wenn du einmal weißt, worauf du dich konzentrieren musst, ergeben sich alle anderen Entscheidungen wie von selbst.

Ich entwickelte einen Online-Shop, etwas, das in den 1990er-Jahren noch eine absolute Seltenheit war. Heute stellen wir in unserem Betrieb in Bergl an Spitzentagen 50.000 bis 70.000 Tafeln Schokolade her und jährlich kommen 270.000 Besucher. Das alles hat sich über die Jahrzehnte ganz natürlich entwickelt.

Als ich anfing, Schokolade in größeren Mengen »bean to bar« herzustellen, wollte ich mir ein Bild davon machen, woher die Kakaobohnen kommen. Ich flog nach Nicaragua, um zu sehen, wie die Menschen dort arbeiten und leben. Bereits in der Hauptstadt Managua sah ich, dass die Ungleichheit extrem war. Die Armen waren die, die den Kakao anbauten, und die Reichen waren die, die ihn verkauften.

Diese Ausbeutung wirkte sich natürlich auf die Qualität der Kakaobohnen aus. Warum sollten sich Bauern anstrengen, wenn sie ohnehin nur den geringsten Teil des Verkaufspreises bekamen? Wer keine Lust hat, zu arbeiten, macht seine Arbeit auch nicht gut. Nicht nur für die Bauern, auch für die Qualität des Produktes ist es wichtig, dass alle fair bezahlt werden.

Diese Tatsache wird in unserem Wirtschaftssystem gerne vergessen, da Massenproduktion mehr als Qualität geschätzt wird. Doch wir veränderten dieses System für unseren Betrieb. Wir arbeiten seither mit ausgewählten Bauern in Nicaragua, Brasilien, Peru, Ghana und in vielen anderen Ländern zusammen. Wir sorgen dafür, dass ihre Bezahlung fair ist und sie gewährleisten im Gegenzug bestimmte Standards. Sie arbeiten nach hygienischen Vorgaben, benutzen etwa saubere Säcke und fermentieren den Kakao richtig.

Es ist nicht möglich, einer sinnvollen Tätigkeit in einem unfairen oder für deine Partner und die Umwelt schädlichen System nachzugehen. Das habe ich als Koch und Patissier in Luxusrestaurants in Amerika erkannt. Du musst auf deine Partner und die Umwelt achten, sonst raubst du deiner Tätigkeit ihren Sinn. Unser Betrieb verwendet deshalb heute ausschließlich biologische, fair gehandelte Produkte, er ist CO_2-neutral, zu 64% energieautark und wir verwenden kaum noch Plastik.

Darauf ruhen wir uns nicht aus. Es ist wichtig, immer und überall nach noch besseren Lösungen zu suchen, sonst hörst du trotzdem auf, den Sinn in allem zu spüren. Deswegen haben wir vor einigen Jahren die Transportwege unseres Kakaos hinterfragt. Denn aus der Karibik kommen Kakaobohnen normalerweise mit Containerschiffen, die nicht klimafreundlich sind.

Wir haben eine eigene Schokoladenlinie aufgebaut mit dem Namen *sail shipped*. Segelschiffe transportieren die Schokolade aus der Karibik bis nach Hamburg, nachhaltig und klimaneutral. Von Hamburg kommt der Kakao per Zug zu uns.

Das ist nur ein kleiner Schritt, wir retten damit nicht die Welt. Aber wir zeigen, wie einfach es sein kann. Segelschiffe sind auf See eine Alternative, innerhalb Europas könnten alle Transporte per Bahn oder mit elektrisierten Fahrzeugen erfolgen. Bei uns dauert diese Art des Transports zwei Wochen länger und die fertige Schokolade kostet um 50 Cent mehr. Ist das nicht ein kleiner Preis für den Schutz dieses wunderbaren Planeten?

»Herr Zotter, wann ist man reich?«, werde ich heute manchmal gefragt.

»Reich ist man, wenn man auf der Speisekarte nicht mehr rechts schauen muss, sondern nur noch links.« Nicht auf die Preise, nur auf die Gerichte. Das ist, denke ich, kein Luxus im negativen Sinn.

In meiner Zeit als Chef habe ich gelernt, dass es einen Punkt gibt, ab dem es genug ist. Mehr ist dann nicht mehr nötig. Unsere Wirtschaft muss das auch lernen. Es geht nicht um ständiges wirtschaftliches Wachstum. Es geht darum, auf anderen Gebieten zu wachsen, persönlich, sozial, intellektuell. Es geht darum, als Gemeinschaft zu wachsen, an Herausforderungen und Zielen.

Ich habe meine Talente umgesetzt und etwas daraus gemacht, das mir sinnvoll erschien. Alles andere ist dann nach und nach gekommen. Wir sind zufrieden mit dem, was wir geschaffen haben. Anerkennung bedeutet dabei für mich ebenso viel wie Geld. Wir wurden mehrmals unter die besten Schokoladenhersteller der Welt gewählt.

In Shanghai sperrten wir ein Schokoladen-Theater auf, in dem unsere asiatischen Gäste in unsere Welt der handgeschöpften Schokolade eintauchen können, samt einem Wiener Kaffeehaus mit Gugelhupf, Zotter-Kaffee, österreichischen Bio-Säften, Bio-Weinen und Apfelstrudel, der fast immer aus ist, weil alle gerne so eine große »Frühlingsrolle mit Äpfeln« kosten.

Viele andere erkennen inzwischen, dass unser Weg in die Zukunft führt. Gerade weil ich nie viel von Businessplänen und Marketingumfragen hielt, lud mich die Harvard University ein, zukünftigen Unternehmerinnen und

Unternehmern zu zeigen, wie sie mit qualitativ hochwertigen Produkten nachhaltig und fair wirtschaften können. Jedes Jahr gibt es überall auf der Welt mehr Unternehmerinnen und Unternehmer, die auf Sinn setzen und den Profit dem Wohl des Planeten unterordnen.

Nach all den Jahren rücken nun allmählich die jüngeren Generationen nach und ich weiß, dass ich unser Unternehmen eines Tages ohne Bedenken in Hände legen kann, die unseren Weg fortsetzen werden. Noch immer erfüllt mich meine Arbeit jeden Tag mit Zufriedenheit und gibt mir einen Sinn. Ob sie mich auch reich gemacht hat, darüber denke ich nicht nach. Ich weiß nur, dass ich auf Speisekarten nicht mehr nach rechts schauen muss, und das ist mehr als genug.

Samuel Koch
Die Welt, die ihr nicht mehr versteht
Inside digitale Revolution

Ein Buch über die Welt von morgen, die schon da ist,
und darüber, was junge High Potentials über sie wissen, das wir nicht wissen. Der Schüler-Lobbyist und
digitale Unternehmer Samuel Koch räumt mit Miss-
verständnissen über Beschleunigung, Fortschritt und
Privatsphäre auf, entwirft eine Schule für Lehrer, an
der Schüler unterrichten und präsentiert eine optimis-
tische digitale Utopie.

160 Seiten, € 20,00
ISBN: 978-3-99001-332-8